中等职业教育国家规划教材配套辅导用书

财经基本技能天天练

主编 张建强

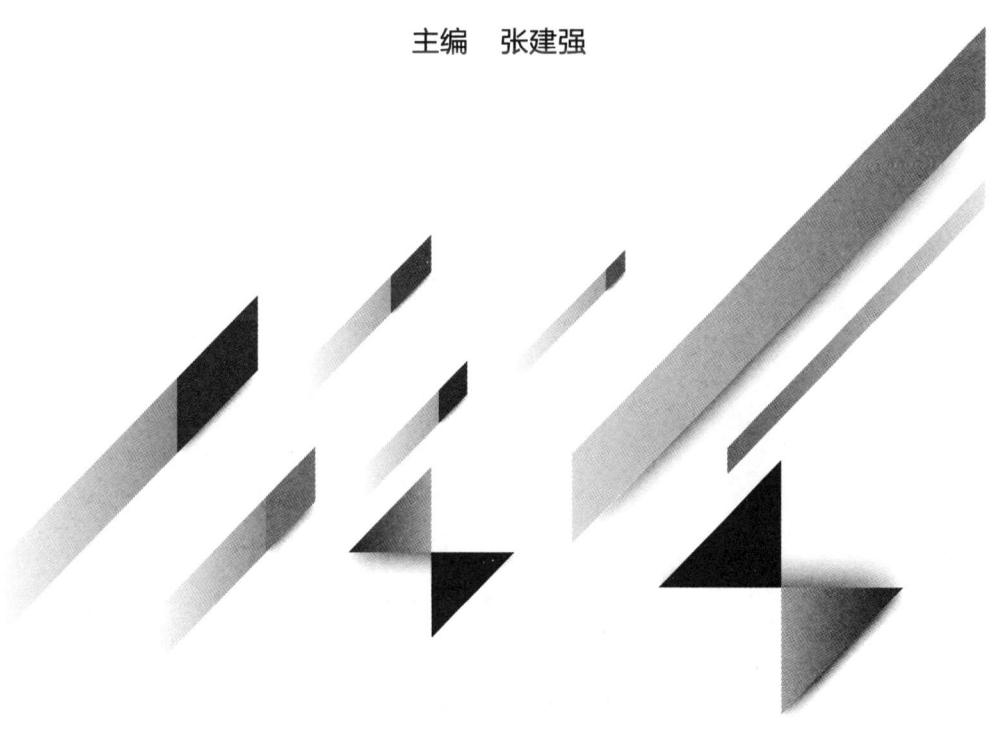

中国财经出版传媒集团
中国财政经济出版社

图书在版编目（CIP）数据

财经基本技能天天练/张建强主编.—北京：中国财政经济出版社，2019.8（2022.7重印）
中等职业教育国家规划教材配套辅导用书
ISBN 978-7-5095-9072-0

Ⅰ.①财… Ⅱ.①张… Ⅲ.①会计-中等专业学校-习题集 Ⅳ.①F23-44

中国版本图书馆 CIP 数据核字（2019）第 126141 号

责任编辑：王 芳　　　　　责任校对：李 丽
封面设计：华乐功

中国财政经济出版社出版

URL：http：//www.cfeph.cn
E-mail：jiaoyu@cfeph.cn

（版权所有　翻印必究）

社址：北京市海淀区阜成路甲 28 号　邮政编码：100142
营销中心电话：010-88191537
北京时捷印刷有限公司印刷　各地新华书店经销
787×1092 毫米　16 开　8.75 印张　209 000 字
2019 年 8 月第 1 版　2022 年 7 月北京第 2 次印刷
定价：18.00 元
ISBN 978-7-5095-9072-0
（图书出现印装问题，本社负责调换）
本社质量投诉电话：010-88190744
打击盗版举报热线：010-88191661　QQ：2242791300

前　言

"财经基本技能"是会计、金融、商贸等专业的骨干课程，是出纳、会计、银行柜员、超市收银员等相关专业岗位人员日常工作中最基本的操作技能，它包括点钞技能、小键盘数字录入技能、人民币真假识别技能、会计数字书写技能、POS机等电子移动设备操作技能等模块。"不积跬步无以至千里，不积小流无以成江河"，说明坚持练习、不断积累的重要性。"拳不离手，曲不离口"，说明技能要达到炉火纯青的熟练程度必须坚持天天练习。在几十年财经基本技能教学中，我们一贯强调精讲多练，并形成了各项技能天天练的制度。所有这些做法都遵循了哲学上的从量变到质变转化的科学规律。

《财经基本技能天天练》是《财经基本技能》的配套实训教材，它根据教学对会计及相关岗位操作技能的要求，着重进行会计数字书写、人民币真假识别、点钞技能、小键盘数字录入技能（包括加减算、传票算、账表算、票币计算）等基本技能的强化训练。它比较完整地总结了全国财经商贸类中等职业学校几十年来在财经基本技能领域教学的经验，让教师和学生在课后天天练及第二课堂教学时有一套完整的实训教材，确保实训教学"五个有"，即实训有示范、实训有内容、实训有目标、实训有方法、实训有考核。教材在编写上主要体现了以下特点：

一是体现最新金融、会计制度及会计技能大赛对教学的要求。例如在人民币真假识别技能方面详细总结了2005年、2015年、2019年三个版本的第五套人民币防伪特征。在小键盘录入技能实训中也结合了全国各地会计技能大赛中爱丁派学习机的教学训练系统。

二是理念科学、先分后合。遵循技能练习循序渐进的规律，先进行专项训练再进行综合训练；先练习后等级鉴定、模拟考核。

三是方法先进实用、技术动作规范。所强化的每项技能都是从实际工作、日常教学、全国技能大赛中总结出来的，因此体现出方法的先进性、实用性。

四是训练及考核方法的科学化、标准化。例如小键盘计算技能等级鉴定模拟练习将小键盘数字录入技能标准化、等级化，用于中午天天练和课后等级考核、比赛强化训练。通过实训，要求毕业前，学生在数字录入技能方面每分钟能达到130键的水平；在点钞方面能达到单指单张完成6把/每5分钟，多指多张完成8把/每5分钟的水平；在点钞过程中能够具备准确挑残识假的能力；在会计数字书写方面具备规范填写发票、支票等单据的能力。

五是借助了信息化教学手段。在与本书配套使用的教材《财经基本技能》一书中，我们配备了各种学习训练小视频，借助信息化教学平台达到了增强学生自主学习的积极性、自我提高技能的能力。

《财经基本技能天天练》由武汉市中等职业学校会计学科带头人、湖北省省级骨干教师、武汉市财政学校高级教师张建强主编。随着《财经基本技能天天练》的出版，我们希望能够为学生进一步学习专业知识和培养职业技能，增强适应职业变化的能力和继续学习的能力打下牢固基础，全面提高学生素质。教材在编写过程中还参考了国内兄弟院校专家的科研成果，得到广大同仁的大力帮助，在此表示感谢。由于编写时间匆忙、加之作者能力有限，书中或有不足之处，敬请各位同仁批评指正。

编者

2019年5月

目 录

第一部分 专项练习

项目一 出纳点钞技能 …………………………………………………（3）
实训 1 点钞坐姿和用品定位 ……………………………………（3）
实训 2 单指单张捻弹式点钞法起把 ……………………………（5）
实训 3 扎把 ………………………………………………………（6）
实训 4 单指单张捻弹式点钞法指法 ……………………………（7）
实训 5 单指单张捻弹式点钞法计数法 …………………………（8）
实训 6 手持式四指四张点钞法起把 ……………………………（9）
实训 7 手持式四指四张点钞法指法 ……………………………（10）
实训 8 手持式四指四张点钞法计数法 …………………………（11）
实训 9 单指单张削式点钞法指法 ………………………………（12）
实训 10 手按式单指单张点钞法指法 ……………………………（13）

项目二 会计数字录入、计算技能 ……………………………………（14）
实训 1 坐姿、用品定位和手势 …………………………………（14）
实训 2 数字录入基本指法 ………………………………………（17）
实训 3 盲打综合训练 ……………………………………………（21）
实训 4 看数与记数法 ……………………………………………（23）
实训 5 传票找页 …………………………………………………（24）
实训 6 传票翻页法 ………………………………………………（26）
实训 7 加减算 ……………………………………………………（28）
实训 8 传票算 ……………………………………………………（33）
实训 9 票币算 ……………………………………………………（44）
实训 10 账表算 ……………………………………………………（55）

项目三　出纳挑残识假技能 ·· （66）
　　实训1　第五套人民币（2005年版）100元、50元的防伪特征训练 ············ （66）
　　实训2　第五套人民币（2005年版）20、10、5、1元的防伪特征训练 ········· （69）
　　实训3　第五套人民币（2015年版）100元的防伪特征训练 ······················ （72）
　　实训4　第五套人民币（2019年版）50、20、10、1元的防伪特征训练 ········ （74）
　　实训5　识别人民币真假的具体方法 ·· （76）

项目四　会计数字书写技能 ·· （80）
　　实训1　阿拉伯数字读写 ·· （80）
　　实训2　小写金额数字读写 ·· （83）
　　实训3　汉字大写金额数字书写 ·· （84）
　　实训4　数字书写错误的订正 ·· （85）
　　实训5　支票、发票的填写 ·· （87）

第二部分　综合练习

　　实训1　天天练习一　单指单张捻弹式点钞法起放把 ··································· （91）
　　实训2　天天练习二　单指单张捻弹式点钞法连贯动作 ······························· （92）
　　实训3　天天练习三　手持式四指四张点钞法起放把 ··································· （94）
　　实训4　天天练习四　手持式四指四张点钞法连贯动作 ······························· （95）
　　实训5　天天练习五　单指单张削式点钞法连贯动作 ··································· （97）
　　实训6　天天练习六　数字录入盲打综合测试 ··· （99）
　　实训7　天天练习七　单指单张点钞模拟通级 ··· （100）
　　实训8　天天练习八　多指多张点钞模拟通级 ··· （102）
　　实训9　天天练习九　传票算模拟通级 ··· （104）
　　实训10　天天练习十　在银行柜面业务中如何准确、快速地识别人民币
　　　　　　　　　　　　真伪 ··· （111）
　　实训11　天天练习十一　支票、发票的填写 ··· （112）

第三部分　模拟考核

　　模拟考核1　会计数字书写技能单元测验模拟试题 ······································· （117）
　　模拟考核2　数字录入技能单元测验试题（普通三级） ······························ （121）
　　模拟考核3　数字录入技能单元测验试题（普通二级） ······························ （123）
　　模拟考核4　数字录入技能单元测验试题（普通一级） ······························ （125）
　　财经基本技能期末考试模拟试题（一） ·· （127）
　　财经基本技能期末考试模拟试题（二） ·· （131）

第一部分　专项练习

项目一
出纳点钞技能

实训 1　点钞坐姿和用品定位

日期＿＿＿＿＿＿　　班级＿＿＿＿＿＿　　姓名＿＿＿＿＿＿　　成绩＿＿＿＿＿＿

一、实训目的

1. 运用标准坐姿进行点钞。
2. 能迅速将待点的练功券、蘸水盒、扎钞条、印泥、图章摆放在固定的位置上。

二、实训要求

1. 坐姿要求。
（1）上身挺胸坐直，两脚平踏地面，全身自然放松。（15分）
（2）双肘自然放在桌面上，双手各部位肌肉要放松，双手活动自如。（25分）
2. 用品定位要求。
点钞所需用品都放置在桌面上，具体要求如下：
（1）未点的练功券放在身体左前方约15cm的位置（左手点钞的学生可将练功券放在右前侧）。（15分）
（2）扎钞条、水盒放在身体正前方约15cm的位置。（15分）
（3）已清点过的练功券通常放在扎钞条和水盒的右侧，距身体约20cm的位置。（15分）
（4）印泥和图章放在已清点过的练功券右侧。（15分）
点钞用品的摆放位置可根据个人习惯进行调整，但是养成固定的摆放习惯位置后，不要再随意改变。

三、实训时间（20分钟）

按训练项目逐项练习每次 5 分钟，不断重复直到熟练掌握。

四、实训形式

每小组抽出一名检查人员，组成检查小组，对每位同学的坐姿和用品摆放进行打分评价。

五、实训过程

1. 坐姿训练（见图 1-1-1）。
（1）每位学生按标准坐姿要求做好，由老师进行检查，有问题进行改进。
（2）分小组进行坐姿练习，由学生互相检查坐姿是否标准。
2. 用品摆放训练（见图 1-1-2）。
将点钞所需用品摆放在桌面上，让学生按要求快速摆放。

图 1-1-1 坐姿

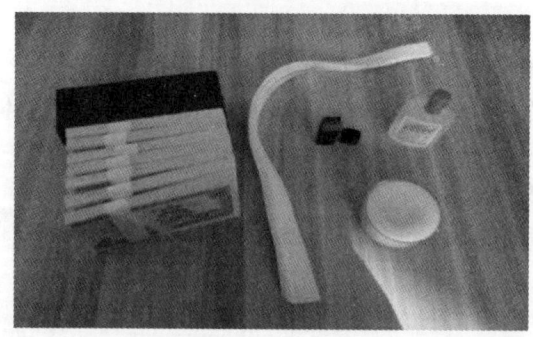

图 1-1-2 用品定位

实训 2　单指单张捻弹式点钞法起把

日期_____　　班级_____　　姓名_____　　成绩_____

一、实训目的

按规范练习单手起把。

二、实训要求

1. 单手快速起把；
2. 在持钞的动作方面强调扇面均匀、可视面积大；
3. 不允许采取右手辅助的开扇法。

三、实训时间

每次 5 分钟，不断重复直到熟练掌握。

四、实训过程

1. 左手横执钞券，将钞券横立于桌面上，钞券正面朝向身体。
2. 左手掌心向上将钞券左端夹在左手中指、无名指之间，夹紧并且尽量靠近手指根部。
3. 左手拇指扶在钞券上部内侧边沿处，食指伸开，其他手指自然弯曲，左手腕向内弯扣。
4. 用拇指沿点钞券上侧边向外滑动，打出斜面，向上立起。

实训 3　扎把

日期_____　班级_____　姓名_____　成绩_____

一、实训目的

按规范练习手工缠绕扎把法。

二、实训要求

1. 双手快速扎把；
2. 缠绕两圈；
3. 第二圈覆盖第一圈；
4. 提起任意一张不被抽出或散开。

三、实训时间

每次 5 分钟，不断重复直到熟练掌握。

四、实训过程

1. 将清点准确的 100 张钞票蹾齐。
2. 左手抓住钞票的左上端，拇指按在钞票前，中指、无名指和小指在钞票后。
3. 右手拇指和食指握着腰条头将其夹在钞票右边三分之一处（或直接将腰条一端以左手食指按在钞票背面中间），由内向外开始绕钞票两圈。
4. 绕到钞票上端时，右手拇指将腰条向右折叠 90 度，用拇指或食指将腰条头塞入腰条与钞票的空隙间，同时用拇指将折角压平，以防松脱。

实训 4　单指单张捻弹式点钞法指法

日期_____　　班级_____　　姓名_____　　成绩_____

一、实训目的

按规范练习单指单张捻弹式点钞法指法。

二、实训要求

1. 两小臂轻置于桌子边沿，不能立在桌面或悬空过高；
2. 以左手为主，管控住钞票，右手拇指与食指捻住钞票右上角尖角部分；
3. 用右手大拇指指尖的左侧向下轻捻钞票；
4. 捻动幅度要小、运作要轻；
5. 右手无名指快速弹拨。

三、实训时间

每次 5 分钟，不断重复直到熟练掌握。

四、实训过程

1. 动作要领：观看视频，边看边练，反复研究。左手持钞稍倾斜正对着胸前，右手食指托住钞票背面右上角，用拇指指尖逐张向下捻动钞票的右上角，同时，每捻动一张，右手无名指要向掌心快速弹拨一次。
2. 实训形式：先整把练习，后散把练习；先自由练习，后计时练习；先不带扎把，后要求点扎结合。
3. 设错训练法：同桌之间相互设置 1 至 2 把错把，然后计时训练，点完交换检查并记录成绩，对点错的部分要再复核。
4. 记录成绩至表 1-1-1。

表 1-1-1　　　　　　　点钞通级成绩记录单

考核时间：　　评定级别：　　单指点对　　把　　多指点对　　把　　阅卷老师：

班级：		姓名：	学号：	座号：	时间：各5分钟
单指单张共点把数： （　　）把			错把编号：（　）｜（　）｜（　）｜（　）｜（　）		
			错 张 数：（　）｜（　）｜（　）｜（　）｜（　）		
多指多张共点把数： （　　）把			错把编号：（　）｜（　）｜（　）｜（　）｜（　）		
			错 张 数：（　）｜（　）｜（　）｜（　）｜（　）		

实训 5　单指单张捻弹式点钞法计数法

日期_____　　班级_____　　姓名_____　　成绩_____

一、实训目的

按规范练习单指单张捻弹式点钞法计数法。

二、实训要求

1. 采用分组计数法；
2. 用心默记、不念出声音；
3. 手、眼、脑密切配合。

三、实训时间

每次 5 分钟，不断重复直到熟练掌握。

四、实训过程

1. 前缀循环记数法。

1，2，3，4，5，6，7，8，9，10
2，2，3，4，5，6，7，8，9，10
3，2，3，4，5，6，7，8，9，10
4，2，3，4，5，6，7，8，9，10
……
10，2，3，4，5，6，7，8，9，10，整 100 张为一把。

2. 后缀循环记数法。

1，2，3，4，5，6，7，8，9，1（10）
1，2，3，4，5，6，7，8，9，2（20）
1，2，3，4，5，6，7，8，9，3（30）
1，2，3，4，5，6，7，8，9，4（40）
……
1，2，3，4，5，6，7，8，9，10（100），整 100 张为一把。

实训 6 手持式四指四张点钞法起把

日期_____   班级_____   姓名_____   成绩_____

一、实训目的

按规范练习手持式四指四张点钞起把。

二、实训要求

1. 单手起把；
2. 快速连贯、右手四指并拢；
3. 左手虎口锁住钞票右上角，钞票下端落在手掌心，券面横长竖短立起来；
4. 扇面均匀。

三、实训时间

每次 5 分钟，不断重复直到熟练掌握。

四、实训过程

1. 左手兰花手指掐住钞票，拇指按在钞票右侧向内按压将钞票弯成"U"型，使右端展开成扇面形状，同时手腕向外翻转 90 度，持钞于胸前，"U"形口朝左侧。
2. 左手手腕轻置于桌子边沿，手掌落在桌面上，右手稍微悬腕。
3. 右手拇指托在钞票右上角，右手食指、中指、无名指、小指并拢，捻住待点的钞票部分。

实训 7　手持式四指四张点钞法指法

日期＿＿＿＿　　班级＿＿＿＿　　姓名＿＿＿＿　　成绩＿＿＿＿

一、实训目的

按规范练习手持式四指四张点钞法指法。

二、实训要求

1. 起把时钞票右端扇面均匀并且横长竖短立起来；
2. 清点时注意右手清点用的四个手指用力要均匀，循环清点下来的钞券间隔的距离要一致；
3. 右手四指并拢按节奏整体下滑并与拇指捻动；
4. 训练时不要急于提高速度，要在扎实掌握点钞手型、指法、方法和准确率基本稳定的情况下，逐渐提高清点速度。

三、实训时间

每次 5 分钟，不断重复直到熟练掌握。

四、实训过程

1. 动作要领：观看视频，边看边练，反复研究。右手腕抬起，拇指贴在钞票的右里角，其余四指同时弯曲并拢，指尖成斜直线，点数时，从小指开始每指捻动一张钞票，依次下滑四个手指，每一次下滑动作捻下四张钞票，循环操作，同时左手拇指、食指配合右手动作向右侧轻推，保证清点时下钞顺畅，直至点完 100 张。
2. 实训形式：先整把练习，后散把练习；先自由练习，后计时练习；先不带扎把，后要求点扎结合。
3. 设错训练法：同桌之间相互设置 1 至 2 把错把，然后计时训练，点完交换检查并记录成绩，对点错的部分要再复核。
4. 记录成绩至表 1-1-2。

表 1-1-2　　　　　　　点钞通级成绩记录单

考核时间：　　评定级别：　　单指点对　　把；多指点对　　把　　阅卷老师

班级：	姓名：	学号：	座号：	时间：各 5 分钟
单指单张共点把数：（　）把		错把编号：（　）｜（　）｜（　）｜（　）｜（　）		
		错张数：（　）｜（　）｜（　）｜（　）｜（　）		
多指多张共点把数：（　）把		错把编号：（　）｜（　）｜（　）｜（　）｜（　）		
		错张数：（　）｜（　）｜（　）｜（　）｜（　）		

实训 8　手持式四指四张点钞法计数法

日期_____　　班级_____　　姓名_____　　成绩_____

一、实训目的

按规范练习手持式四指四张点钞法计数法。

二、实训要求

1. 采用分组计数法；
2. 用心默记、不念出声音；
3. 手、眼、脑密切配合。

三、实训时间

每次 5 分钟，不断重复直到熟练掌握。

四、实训过程

1. 空点计数：模拟四指四张点钞指法空点的同时采用分组计数法，每点四张为一手，每一手记一个数，数至 25 手即为 100 张。
2. 结合四指四张点钞指法清点钞票，边点边计数。

实训9　单指单张削式点钞法指法

日期_____　　班级_____　　姓名_____　　成绩_____

一、实训目的

按规范练习单指单张削式点钞法指法。

二、实训要求

1. 按多指多张的起把要求起把，钞票右端扇面均匀并且横长竖短立起来；
2. 清点时右手大拇指托住钞票右端弧形的底部，食指伸直，将食指指肚前部放在钞票右上角（或右下角），利用手腕抖动带动手指将钞票逐张向下削，削点时幅度要小，动作要快；
3. 左手拇指随着点钞的进度逐步向后移动，以便加快钞券下落的速度。

三、实训时间

每次 5 分钟，不断重复直到熟练掌握。

四、实训过程

1. 方法选择：观看视频，边看边练，反复研究。可根据每个人的实际情况选择用右手食指或中指等进行削的动作，也可根据削钞票的部位选择削右上角或右下角。
2. 实训形式：先整把练习，后散把练习；先自由练习，后计时练习；先不带扎把，后要求点扎结合。
3. 设错训练法：同桌之间相互设置 1 至 2 把错把，然后计时训练，点完交换检查并记录成绩，对点错的部分要再复核。
4. 记录成绩至表 1 - 1 - 3。

表 1 - 1 - 3　　　　　点钞通级成绩记录单

考核时间：　　评定级别：　　单指点对　　把；多指点对　　把　　阅卷老师：

班级：		姓名：	学号：	座号：	时间：各5分钟
单指单张共点把数： （　　）把			错把编号：（　）｜（　）｜（　）｜（　）｜（　）		
			错张数：（　）｜（　）｜（　）｜（　）｜（　）		
多指多张共点把数： （　　）把			错把编号：（　）｜（　）｜（　）｜（　）｜（　）		
			错张数：（　）｜（　）｜（　）｜（　）｜（　）		

实训 10　手按式单指单张点钞法指法

日期_____　　班级_____　　姓名_____　　成绩_____

一、实训目的

按规范练习手按式单指单张点钞法指法。

二、实训要求

1. 将钞票平放在胸前的桌面上，以左手手掌外侧按住钞票左端约三分之一处，左手食指、中指和大拇指抓住钞票右端向上提起，小指、无名指自然弯曲；

2. 右手大拇指放在钞票右端里侧的角上，食指和中指放在右端外侧，其他手指自然弯曲，为点数作准备；

3. 右手大拇指向掌心方向用力，将钞票逐张滑下，滑动时幅度要小，动作要轻，用力要均衡，左手拇指随着点钞的进度逐步向后移动，以便加快钞票下落的速度。

三、实训时间

每次 5 分钟，不断重复直到熟练掌握。

四、实训过程

1. 动作要领：观看视频，边看边练，反复研究。
2. 实训形式：先整把练习，后散把练习；先自由练习，后计时练习；先不带扎把，后要求点扎结合。
3. 设错训练法：同桌之间相互交换待点钞票并设置 1 至 2 把错把，然后计时训练，点完交换检查并记录成绩，对点错的部分要再复核。
4. 记录成绩至表 1 – 1 – 4。

表 1 – 1 – 4　　　　　　　　点钞通级成绩记录单

考核时间：　　　评定级别：　　　单指点对　　把；多指点对　　把　　阅卷老师：

班级：	姓名：	学号：	座号：	时间：各 5 分钟
单指单张共点把数： （　　）把		错把编号：（　）｜（　）｜（　）｜（　）｜（　）		
		错张数：（　）｜（　）｜（　）｜（　）｜（　）		
多指多张共点把数： （　　）把		错把编号：（　）｜（　）｜（　）｜（　）｜（　）		
		错张数：（　）｜（　）｜（　）｜（　）｜（　）		

项目二
会计数字录入、计算技能

实训1　坐姿、用品定位和手势

日期_____　　班级_____　　姓名_____　　成绩_____

一、实训目的

1. 能用标准坐姿进行会计数字录入、计算。
2. 能迅速将平板学习机、电子计算器、传票等计算工具和资料摆放在固定的位置上。
3. 手势恰当、指法正确。

二、实训要求

1. 坐姿（20分）。

（1）身体正面面对计算工具坐端正，两腿自然分开，上体放松，双肩自然下垂（不要耸起），大手臂自然下垂后抬起右手小手臂。身体要自然坐直，两脚放平与胳膊平行，肘关节的弯度一般应保持在90°，眼睛与屏幕的距离在40至50厘米左右。

（2）屏幕的位置应在视线以下10°至20°左右。

（3）右手各手指轻放在规定的基准键上，手腕平直，手指弯曲自然，击键只限于手指指关节，身体其他部分不要接触工作台或键盘。

（4）小键盘数字录入过程中左手绝不能参与任何操作动作，包括击清除键。

2. 用品定位（20分）。

（1）小键盘或计算器放置在桌面偏右侧，保证右手在小键盘区域上方。

（2）计算题或传票放置在左手边。

（3）记录纸张放在传票的下方。

（4）笔放在计算工具的下方，右手能方便拿到；也可以将笔握在手中击键。

用品的摆放位置可根据个人习惯进行调整，但是养成固定的摆放习惯位置后，不要再随意改变。

3. 手势（60分）。

（1）举起右手，食指、中指、无名指和小指的三个指节都自然弯曲，手指与手掌间的关节稍微突起。

（2）手腕保持平直。

（3）将食指、中指和无名指的指尖依次轻放于"4、5、6"三个基准键上，指甲盖与键面的夹角略小于90°，指节略向前倾。

（4）小指保持相同姿势略往后缩。

（5）大拇指弯曲后放置于手掌下方，抬起手腕，使手掌稍微架空于键盘。

（6）使用计算机录入时大拇指左侧指尖在"0"键上，小指右侧指尖刚好在"Enter"键上。

三、实训时间（20分钟）

按训练项目逐项练习每次5分钟，不断重复直到熟练掌握。

四、实训形式

1. 由老师检查、指导每位同学的坐姿、用品摆放和手势。
2. 每小组抽出一名检查人员，组成检查小组，对每个学生进行打分评价。

五、实训过程

1. 坐姿训练。

（1）每位学生按标准坐姿要求坐好（见图1-2-1），由老师进行检查，有问题进行改进。

（2）分小组进行坐姿练习，由学生互相检查坐姿是否标准。

2. 用品摆放训练。

让学生将数字录入、计算所需用品按要求快速摆放在桌面上（见图1-2-2）。

3. 手势训练。

按上述手势实训的6个要求正确摆放，基本手势是"五指法"（见图1-2-3、图1-2-4）。

图1-2-1 坐姿

图1-2-2 用品定位

图 1-2-3 手势

图 1-2-4 基本手型

实训 2　数字录入基本指法

日期_____　　班级_____　　姓名_____　　成绩_____

一、实训目的

1. 单指训练、同排训练。
2. 双指训练、跨行训练。
3. 综合训练。

二、实训要求

1. 开始练习时，首先讲求击键准确，其次再求速度，开始时可用每秒钟打一下的速度。

2. 从开始训练之初就要坚持盲打。在录入训练过程中，应先讲求准确地击键，不要贪图速度。一开始，键位记不准，可稍看键盘，但不可总是偷看键盘。经过一定时间的训练，要逐步达到不看键盘也能准确击键。

三、实训时间

每次 5 分钟，不断重复直到熟练掌握。

四、实训过程

（一）盲打基础训练

盲打基础训练是"五指法"数字录入的基本训练。训练目标是指法正确，键位准确，通过训练使同学们能基本掌握五个手指的分工，准确到达目标键位。

1. 基准键位训练。

基准键位盲打训练主要是通过食指、中指、无名指这三个手指在同一横排数字键上此起彼落的动作，训练手指的灵活性、手指交换的灵敏度，及同学们对数字的反应能力。练习时，数字排列规律从简到难，先按三个手指的顺序反复练习：

```
456    654    546    465    645    564
4556   6554   5446   4665   6445   5664
4456   6654   5546   4465   6645   5564
4566   6544   5466   4655   6455   5644
445566 665544 554466 446655 664455 556644
455566 655544 544466 466655 644455 566644
```

```
123    321    213    132    312    231
1223   3221   2113   1332   3112   2331
1123   3321   2213   1132   3312   2231
1233   3211   2133   1322   3122   2311
112233  332211  221133  113322  331122  223311
122233  322211  211133  133322  311122  233311
789    987    879    798    978    897
7889   9887   8779   7998   9778   8997
7789   9987   8879   7798   9978   8897
7899   9877   8799   7988   9788   8977
778899  998877  887799  779988  997788  889977
788899  988877  877799  799988  977788
```

2. 单指练习。

单指训练是盲打训练的重点和难点。掌握盲打方法的关键，是手指能准确快速地达到所需键位。手指从"1"键到"4"键、从"9"键到"3"键，或从"8"键到小数点、到回车键，这其中有跨一行、跨两行的，各人的标准距离不一样，要由每位同学在训练过程中用心去体会这种距离，从而找感觉，把握好手在键盘上跳跃移动的幅度。

```
147    741    471    174    714    417
1447   7441   4771   1774   7114   4117
1147   7741   4471   1174   7714   4417
1477   7411   4711   1744   7144   4177
114477  774411  447711  117744  771144  441177
144477  744411  477711  177744  711144  411177
1471   4717   1747   7147   1714   7174
14741  47147  17417  71477  17114  71774
17414  47174  14771  74147  11741  71747
147417  471474  711477  747144  477147
747174  471714  741471  417471  174147
471474  714744  714471  147414  174147
258    285    582    528    825    852
2558   2885   5882   5228   8225   8552
2258   2285   5582   5528   8825   8852
2588   2855   5822   5288   8255   8522
225588  228855  558822  882255  885522
255588  288855  522288  588822  822255  855522
2582  2858  5828  8525  8258  5282  5825  8528  2882
25825  28582  58282  85258  82582  52725  58258  85285
258258  285825  582825  852582  825825  528258  582582
852852  582585  528252  285285  282582  582852  825852
```

```
369     396     963     936     639     693
3369    3396    9963    9936    6639    6693
3669    3996    9663    9336    6339    6993
3699    3966    9633    9366    6399    6933
336699  339966  996633  993366  663399  669933
366699  399966  966633  933366  633399  699933
3693    3696    6936    9363    6339    9369    6939    9396
36936   36963   69369   93636   63396   93696   69396
939696  369636  693696  936936  639636  936963
636963  693633  693693  369336  636936  939636
```

特别注意，食指、中指、无名指在键盘上是纵向管理，因此手在键盘上的跳跃式移动也只能是纵向的，不应该有横向移动；横向移动会因错位而造成指法混乱，录入错误。

（二）基本练习

食指和中指练习要注意两个手指的分工，不要串位，特别是食指很容易越权包揽，代替中指操作。中指和无名指、食指和无名指的练习除了要控制好两个手指的分工不要互相混淆以外，尤其要控制好无名指的击键力，不要击空键。

1. 双指练习。

```
10  20  30  40  50  60  70  80  90  01  02  03  04  05  06  07  08  09
101 202 303 505 606 707 808 909 010 020 030
040 050 060 070 080 090
12  23  45  56  78  89
13  46  17  28  39  79
14  25  36  47  58  69
18  27  29  91  82  73
15  24  36  47  58  69
79  46  13  31  64  97
11  12  13  14  15  16  17  18  19
21  22  23  24  25  26  27  28  29
31  32  33  34  35  36  37  38  39
41  42  43  44  45  46  47  48  49
51  52  53  54  55  56  57  58  59
61  62  63  64  65  66  67  68  69
71  72  73  74  75  76  77  78  79
81  82  83  84  85  86  87  88  89
91  92  93  94  95  96  97  98  99
23  31  13  56  64  46  89  97  79
17  14  71  28  25  82  39  36  93
```

2. 多指综合训练。

（1）定数连加训练：将下列各定数连加1分钟。

①147258369……

②741852963……

③471582693……

④41758639……

⑤123456789……

⑥1234567890……

⑦9876543210……

⑧153429786……

（2）步步高加减练习（正向做加法，再用结果反向做减法检测）。

①$1+2+3+\cdots\cdots+36=666$，　　　$666-1-2-3-\cdots\cdots-36=0$

②$1+2+3+\cdots\cdots+50=1,275$，　　$1,275-1-2-3-\cdots\cdots-50=0$

③$1+2+3+\cdots\cdots+77=3,003$　　　$3,003-1-2-3-\cdots\cdots-77=0$

④$1+2+3+\cdots\cdots+100=5,050$　　$5,050-1-2-3-\cdots\cdots-100=0$

（3）数字一条龙。

连加12,345,679一百遍，然后再连减一百遍。从结果上看呈数字一条龙，规律分明，百遍连减分段验证。如果将基数改为123,456,789，再做连加连减百遍的练习，结果略有差异（见表1-2-1）。

表1-2-1　　　　　　　　数字一条龙百遍和

遍数 \ 加数 \ 和数	12,345,679（没有8）	123,456,789（有8）
9	111,111,111	1,111,111,101
18	222,222,222	2,222,222,202
27	333,333,333	3,333,333,303
36	444,444,444	4,444,444,404
45	555,555,555	5,555,555,505
54	666,666,666	6,666,666,606
63	777,777,777	7,777,777,707
72	888,888,888	8,888,888,808
81	999,999,999	9,999,999,909

五、实训考核

步步高加法练习；要求30秒内准确完成。

求和：$1+2+3+\cdots+36=666$。

实训 3 盲打综合训练

日期_____   班级_____   姓名_____   成绩_____

一、实训目的

不看键盘也能准确击键，直到熟练操作达到 80 分以上。

二、实训要求

1. 遵循"先准后快，准中求快，快中见准"的原则。
2. 在录入训练过程中始终坚持盲打。一开始，键位记不准，可稍看键盘，但不可总是偷看键盘。经过一定时间的训练，要逐步达到不看键盘也能准确击键。

三、实训时间

先练习 5 分钟，逐步练习 10 分钟、15 分钟、20 分钟等，每天坚持练习 30 分钟。

四、实训过程

利用爱丁派学习机、电脑等安装技能训练软件进行综合训练。

1. **整体综合练习操作流程**：开机——→技能宝典——→指法练习——→综合练习——→时间设置（默认 5 分钟，可选择设置成 10、15、20、25、30 分钟）——→字符范围（默认为练习 0—9，可选择增加其他字符）——→开始录入——→设定时间到练习自动结束——→系统显示成绩——→查看详情（对错显示用时、输入内容、正确输入、错误输入法、多余输入等信息）——→发送成绩（教师机接收）。

    备注事项：设置练习时间未结束时中途想终止练习可直接按 ESC 键退出。

2. **分组综合练习操作流程**：开机——→技能宝典——→指法练习——→综合练习——→分组——→每组题数设置（默认 5 题，可选择设置成其他题数）——→时间设置（默认 1 分钟，可选择设置成其他时间）——→字符范围（默认为练习 0—9，可选择增加其他字符）——→开始练习（或测试）——→设定时间到练习自动结束——→系统显示成绩——→查看详情（对错显示用时、输入内容、正确输入、错误输入法、多余输入等信息）——→发送成绩（教师机接收）。

3. **条形码综合练习操作流程**：开机——→技能宝典——→指法练习——→综合练习——→条形码——→每组题数设置（默认 5 题，可选择设置成其他题数）——→时间设置（默认 5 分钟，可选择设置成其他时间）——→开始练习（或测试）——→设定时间到练习自动结束——→系统显示成绩——→查看详情（对错显示用时、输入内容、正确输入、错误输入法、多余输入等信息）——→发送成绩（教师机接收）。

五、实训考核

1. "5,050"步步高加法练习。90 秒内准确完成为合格。
2. 利用技能软件考核时，全数字整体综合练习十分钟项目得 80 分以上为合格，100 分至 120 分为良好，120 分以上为优秀。

实训4　看数与记数法

日期_____　　班级_____　　姓名_____　　成绩_____

一、实训目的

四位数以内看数记数一目一行，六位以内分节看数、记数。

二、实训要求

1. 眼睛看数不停、脑子记数不停。
2. 刚开始可分节看数记数，经过一定时间的训练，要逐步达到一目一行看数、记数。

三、实训时间

先练习5分钟，逐步练习10分钟等，每天坚持利用零星时间练习20分钟左右。

四、实训过程

1. 听数记数。

方法一：老师报数、学生听数并记数，位数从四位开始，根据学生掌握情况逐步练习到六位数。记数时可脑记、手写交替进行训练。

方法二：老师利用多媒体设备报数、学生听数并记数，位数从四位开始，根据学生掌握情况逐步练习到六位数。记数时可脑记、手写交替进行训练。

2. 看数记数。

方法一：看资料上的数字并记数。例如，每天练习边翻传票边看数记数，坚持每天翻四遍以上。

方法二：看电脑、学习机上的数字并记数。

五、实训考核

以看数的速度与记数准确度作为考核标准，如表1-2-2所示。

表1-2-2

考核方式	优	良	合格
限时不限量（1分钟，内容是4—6位数）	45笔以上	38—45笔	30—38笔
限量不限时（内容是20笔4—6位数）	8—10秒	11—13秒	14—16秒

实训 5　传票找页

日期_____　班级_____　姓名_____　成绩_____

一、实训目的

快速准确地找到每题的起始页，提高传票翻打的准确度和速度。

二、实训要求

1. 熟悉传票，能准确把握传票页的厚度，练手感。如 10 页、20 页、30 页的厚度。
2. 用左手迅速准确找到起始页数。

三、实训时间

先练习 5 分钟，逐步练习 10 分钟，每天坚持利用零星时间练习 10 分钟左右，本项目训练时间不少于一周。

四、实训过程

1. 听数找页。
（1）由教师随机报起始页数，学生快速翻找。
【例 1】5、14、21、43、57、78、86、90……（有序找页练习）
【例 2】2、15、46、18、38、70、9、37……（无序找页练习）
（2）由教师按一定规律报起始页数，学生快速翻找。
【例 3】5、10、15、20、25、30、35、40……
【例 4】10、20、30、40、50、60、70、80……
以上练习也可采用限量不限时的方法进行，即出 20 个页数，由老师统一计时并报时，看谁找得快。
（3）由学生互相报起始页数，进行翻找训练。例如，2 人对练，一位同学报页数，另一位同学找页。
2. 看数找页。
（1）看资料上的数字并找页。
定量不定时训练法：表 1-2-3、表 1-2-4 各给出 40 道题，请学生找 40 道题的起始页，看谁找得既快又准，教师为完成的同学计时、报时。

表 1-2-3

3	7	10	15	24	31	48	56	61	79
89	91	99	5	9	19	28	38	49	53
67	72	87	92	6	13	27	39	46	59
66	78	89	96	8	19	26	37	44	51

表 1-2-4

11	31	61	27	47	19	52	79	91	40
13	37	71	42	75	31	89	92	64	21
36	58	73	83	90	3	15	39	75	14
65	33	66	92	16	45	74	63	86	42

（2）看电脑上的数字并找页。

定时不定量训练法：将起始页码资料制作成幻灯片，定时换屏，看谁在规定的时间内找页最多（见表 1-2-5、表 1-2-6）。

表 1-2-5

31	17	10	25	29	41	48	59	71	89
29	91	39	51	91	26	58	33	44	57
27	79	37	90	13	43	17	89	36	49
69	18	80	96	81	39	28	47	74	53

表 1-2-6

15	37	21	77	48	13	55	89	11	43
12	87	61	41	70	51	81	97	54	29
46	51	79	93	20	37	16	38	75	16
35	53	46	96	18	35	79	53	96	46

五、实训考核

以完成找页任务的速度或效率作为考核标准，如表 1-2-7 所示。

表 1-2-7

考核方式	优	良	合格
限时不限量（30 秒）	58—60 题	45—47 题	42—44 题
限量不限时（20 题）	8—10 秒	11—13 秒	14—16 秒

实训6　传票翻页法

日期_____　　班级_____　　姓名_____　　成绩_____

一、实训目的

左手能连贯、快速、准确翻页，提高翻页技巧。

二、实训要求

1. 票面不宜翻得过高，角度适宜，以能看清数据为准。
2. 左手翻页应保持连贯。

三、实训时间

先练习5分钟，逐步练习10分钟，每天坚持利用零星时间练习10分钟左右，本项目训练时间不少于一个月。

四、实训过程

1. 口令训练法。

练习一：节奏感训练。教师发出"翻""停"的口令，以两秒一页的速度进行翻页训练。学生听到"翻"口令时应开始翻页，听到"停"口令时应停在准备动作状态（较熟练后可提快到一秒一页的速度）。

练习二：连贯性训练。教师发出"1、2、3、4、5、6……"口令，学生听到口令"1"时翻一页传票，听到口令"2"时再翻一页传票，以此类推。速度则由教师进行控制，由慢到快，逐渐加快速度。

2. 定量不定时训练法（准确性训练）。

将传票从第1页翻到第n页，规定的页数（n）可由少逐渐增多，如20页、50页、100页，教师统一计时，学生快速翻页，看谁翻的快。较熟练后可进行盲翻训练。

3. 定时不定量训练法（速度、耐力提升训练）。

将传票从第1页翻到第100页，老师计时30秒，学生翻页，看谁翻得多。较熟练后可进行盲翻训练。

五、实训考核

以翻页任务的速度或效率作为考核标准，如表1-2-8所示。

表 1-2-8

考核项目	优	良	合格
定量不定时（100 页）			
拇指翻页法	40 秒	50 秒	60 秒
食指辅助拇指翻页法	50 秒	60 秒	70 秒
食指单捻翻页法	50 秒	60 秒	70 秒
定时不定量（30 秒）			
拇指翻页法	60 页	55 页	50 页
食指辅助拇指翻页法	55 页	50 页	45 页
食指单捻翻页法	55 页	50 页	45 页

实训 7　加减算

日期_____　　班级_____　　姓名_____　　成绩_____

一、实训目的

能熟练、准确地进行加减看数录入、看数计算。

二、实训要求

1. 操作规范、指法正确。
2. 采用"一目一行看数键入法",看数不停、记数不停、击键不停、写数不停。

三、实训时间

每次练习 10 分钟,每天坚持练习 30 分钟左右,本项目训练时间不少于两周。

四、实训过程

1. 利用纸质试题训练。
优点:能训练学生利用电子计算器进行加减计算的能力,并且训练规范书写数字。
2. 利用电脑或学习机软件试题训练。
优点:快速检测学生练习结果给出评分,并能给出差错分析。
使用爱丁派学习机操作程序:开机──技能宝典──计算应用──加减算──加减算练习(或测试)──选择时间(默认 10 分钟)──随机(默认系数为 1)──开始录入每笔数据──算完一题按回车键进入下一题──10 分钟到发送成绩──按 ESC 键退出。

五、实训考核

每 10 分钟打完 10 道题并对 8 题以上为优秀,对 7 题为良好,对 6 题为合格。

实训7 加减算（1）

日期_____ 班级_____ 姓名_____ 成绩_____

注：限时10分钟，对8题以上为优秀，对7题为良好，对6题为合格。

（一）	（二）	（三）	（四）	（五）
2,718	34	348	3,706	95
43	156	95	584	741
905	8,907	126	12	3,602
67	23	4,082	97	857
4,051	765	61	4,065	23
96	4,091	3,504	38	4,016
832	28	793	921	39
15	742	27	73	64
6,709	16	6,019	2,109	718
824	3,809	54	756	5,203
37	563	835	83	98
5,091	28	26	1,075	136
83	79	4,108	62	4,097
452	6,014	79	894	52

（六）	（七）	（八）	（九）	（十）
473	4,108	39	815	3,206
5,206	93	751	76	94
98	762	6,908	24	851
137	59	47	9,301	79
84	6,087	832	87	408
2,019	25	64	5,163	5,367
65	341	1,059	429	203
842	9,576	283	68	85
71	104	15	3,402	4,902
5,608	82	4,706	971	716
94	37	952	56	98
812	2,016	73	478	73
53	384	8,091	15	4,052
6,097	25	64	2,039	61

实训7 加减算（2）

日期_____ 班级_____ 姓名_____ 成绩_____

注：限时 10 分钟，对 8 题以上为优秀，对 7 题为良好，对 6 题为合格。

（一）	（二）	（三）	（四）	（五）
3,685	823	53	8,907	4,357
791	69	861	25	62
204	5,401	9,502	613	809
57	732	46	4,072	15
8,013	95	38	84	2,064
62	634	197	36	793
946	7,086	4,025	159	81
18	57	34	427	29
709	48	629	6,908	58
5,241	203	75	731	46
37	1,974	801	82	3,071
4,012	38	57	15	694
68	6,109	1,364	3,046	103
59	52	2,098	79	5,978

（六）	（七）	（八）	（九）	（十）
89	968	73	7,856	6,035
672	5,034	206	102	87
5,034	71	4,158	39	94
125	25	92	48	1,268
8,703	987	648	2,791	103
46	412	17	65	72
1,251	3,609	3,095	403	49
38	53	234	54	5,076
6,097	186	51	1,097	241
42	7,024	706	38	35
921	32	89	26	907
78	4,805	6,327	198	84
65	97	5,908	425	9,036
403	41	16	3,786	152

实训7　加减算（3）

日期_____　班级_____　姓名_____　成绩_____

注：限时10分钟，对8题以上为优秀，对7题为良好，对6题为合格。

（一）	（二）	（三）	（四）	（五）
952	51,703	792	892,674	70,492
6,410	795	308	39,125	5,683
859,703	6,829	8,506	-803	-8,671
15,367	710	795,681	781	697,425
248	72,436	87,914	-9,102	936
359	398,104	6,875	8,735	-7,964
5,712	502	902	7,062	801
96,204	9,057	230	319	49630
7,931	832,941	489,306	-4,068	-692
327	4,682	72,108	754	9,647
914	397	417	-312,076	-294,160
807,253	8,174	9,183	417	728
408	6,958	674	9,105	1,205
3,701	726	8,659	-462	-364
8,946	305	5,726	75,298	807

（六）	（七）	（八）	（九）	（十）
3,408	4,062	6,405	837,209	695
567	318	437,159	614	84,503
896	79,307	827	-5,387	-6,459
72,685	296,475	5,810	912	817
432	3,682	893	7,056	-3,075
2,401	547	3,527	-492,135	513,861
623	604	719	3,541	704
1,954	7,569	49,038	81,362	-8,932
347,059	813	921	503	516
2,947	58,436	765,138	-769	82,130
31,568	270	4,025	8,306	3,526
412	894	29,730	-725	-70,824
560,179	4,301	6,532	89,037	937
860	683,429	864	548	-854
7,016	5,042	702	-3,910	4,908

实训7　加减算（4）

日期_____　班级_____　姓名_____　成绩_____

注：限时10分钟，对8题以上为优秀，对7题为良好，对6题为合格。

（一）	（二）	（三）	（四）	（五）
7,425	429,256	5,312	9,876	786,175
386	809	403	-708	423
4,307	57,402	3,517	632	-8,704
97,218	354	89,324	503,217	-341
604	45,317	970,219	805	6,108
312,780	9,508	860	-79,843	715,849
432	3,271	5,879	4,105	314
7,907	718,265	501	681	-4,283
524	5,706	6,342	-83,142	8,709
56,273	253	7,905	3,596	-650
687	3,816	571	-972	27,916
592,403	794	698,234	214,764	-48,062
3,248	960	547	8,639	795
921	8,067	80,912	-407	6,457
2,035	623	763	6,750	302

（六）	（七）	（八）	（九）	（十）
49,532	658	56,389	728,435	315,972
873,609	4,789	347,518	602	-624
4,721	3,027	4,072	-7,868	512,076
9,235	431	315	497	-43,528
407	51,086	679,031	5,974	653
6,053	312	793	-80,239	34,021
810	5,873	584	213,056	875
674	4,506	14,756	5,231	-2,017
53,816	8,759	2,317	-3,012	6,570
931	601,495	4,102	642	8,341
710,962	72,134	640	-490	607
5,796	231,460	524	26,413	-219
-687	973	608	657	465
905	504	6,853	-906	-5,876
4,638	7,985	9,470	2,192	9,308

实训 8　传票算

日期_____　　班级_____　　姓名_____　　成绩_____

一、实训目的

熟练、准确地进行看数录入、看数计算加减的方法。

二、实训要求

1. 操作规范、指法正确。
2. 采用"一目一行看数键入法",翻页不停、看数不停、记数不停、击键不停、写数不停。

三、实训时间

每天坚持练习 30 分钟左右,本项目训练时间为全学年。

四、实训过程

1. 利用纸质试题训练（每次训练前要指定所用传票类型）。
优点:能训练学生利用电子计算器进行加减计算的能力,并且训练规范书写数字。
2. 利用电脑或学习机软件试题训练。
优点:快速检测学生练习结果给出评分,并能给出差错分析。
使用爱丁派学习机操作程序:开机──→技能宝典──→指法练习题──→传票算（或传票录）──→传票算练习（或测试）──→选择传票类型 A（或 B、C、D）──→选择跳转方式（默认随机）──→选择每组页数──→选择时间（默认 10 分钟）──→选择起始页码和起始行数──→开始录入每笔数据──→算完一题按回车键进入下一题──→10 分钟到发送成绩──→按 ESC 键退出。

五、实训考核

每 10 分钟打完 10 道题并对 5 题为合格,对 6 题为良好,对 7 题及 7 题以上为优秀。

实训8 传票计算题（1）

日期_____ 班级_____ 姓名_____ 成绩_____

题序	起止页码	每页行次	结果
1	22—41	（一）	
2	58—77	（二）	
3	16—35	（三）	
4	28—47	（五）	
5	3—22	（四）	
6	56—75	（四）	
7	27—46	（三）	
8	1—20	（五）	
9	60—79	（一）	
10	23—42	（二）	
11	15—34	（四）	
12	72—91	（三）	
13	38—57	（一）	
14	3—22	（二）	
15	79—98	（五）	
16	33—52	（一）	
17	79—98	（四）	
18	53—72	（二）	
19	38—57	（三）	
20	33—52	（五）	

实训 8　传票计算题（2）

日期_____　班级_____　姓名_____　成绩_____

题序	起止页码	每页行次	结果
1	69—88	（一）	
2	65—84	（二）	
3	34—53	（四）	
4	30—49	（三）	
5	10—29	（五）	
6	49—68	（五）	
7	24—43	（三）	
8	35—54	（二）	
9	38—57	（一）	
10	80—99	（四）	
11	71—90	（三）	
12	27—46	（四）	
13	63—82	（一）	
14	78—97	（二）	
15	47—66	（五）	
16	63—82	（四）	
17	45—64	（二）	
18	73—92	（三）	
19	7—26	（一）	
20	38—57	（五）	

实训 8　传票计算题（3）

日期_____　班级_____　姓名_____　成绩_____

题序	起止页码	每页行次	结果
1	10—29	（二）	
2	17—36	（一）	
3	63—82	（三）	
4	50—69	（五）	
5	65—84	（四）	
6	38—57	（一）	
7	80—99	（五）	
8	75—94	（二）	
9	35—54	（四）	
10	46—65	（三）	
11	68—87	（一）	
12	59—78	（五）	
13	76—95	（二）	
14	17—36	（三）	
15	64—83	（四）	
16	29—48	（一）	
17	39—58	（五）	
18	36—55	（二）	
19	21—40	（三）	
20	43—62	（四）	

实训 8　传票计算题（4）

日期_____　班级_____　姓名_____　成绩_____

题序	起止页码	每页行次	结果
1	57—76	（五）	
2	15—34	（二）	
3	51—70	（一）	
4	5—24	（二）	
5	44—63	（三）	
6	23—42	（一）	
7	13—32	（四）	
8	24—43	（二）	
9	9—28	（五）	
10	57—76	（三）	
11	76—95	（一）	
12	12—31	（四）	
13	56—75	（二）	
14	59—78	（三）	
15	60—79	（五）	
16	32—51	（二）	
17	10—29	（四）	
18	28—47	（三）	
19	40—59	（五）	
20	71—90	（一）	

实训 8　传票计算题（5）

日期_____　班级_____　姓名_____　成绩_____

题序	起止页码	每页行次	结果
1	10—29	（三）	
2	56—75	（二）	
3	29—48	（五）	
4	27—46	（四）	
5	30—49	（一）	
6	4—23	（三）	
7	72—91	（四）	
8	32—51	（二）	
9	41—60	（五）	
10	26—45	（一）	
11	77—96	（三）	
12	67—86	（一）	
13	81—100	（二）	
14	19—38	（四）	
15	3—22	（五）	
16	61—80	（五）	
17	31—50	（一）	
18	13—32	（三）	
19	14—33	（四）	
20	77—96	（二）	

实训 8　传票计算题（6）

日期_____　班级_____　姓名_____　成绩_____

题序	起止页码	每页行次	结果
1	28—47	（二）	
2	3—22	（三）	
3	21—40	（一）	
4	46—65	（四）	
5	34—53	（五）	
6	4—23	（四）	
7	61—80	（三）	
8	54—73	（一）	
9	58—77	（五）	
10	22—41	（二）	
11	11—30	（四）	
12	46—65	（一）	
13	51—70	（五）	
14	55—74	（二）	
15	75—94	（三）	
16	6—25	（四）	
17	48—67	（一）	
18	70—89	（五）	
19	3—22	（四）	
20	69—88	（二）	

实训 8　传票计算题（7）

日期_____　　班级_____　　姓名_____　　成绩_____

题序	起止页码	每页行次	结果
1	68—87	（三）	
2	73—92	（二）	
3	33—52	（五）	
4	45—64	（一）	
5	28—47	（四）	
6	12—31	（二）	
7	74—93	（四）	
8	81—100	（五）	
9	65—84	（一）	
10	42—61	（三）	
11	74—93	（五）	
12	33—52	（三）	
13	20—39	（二）	
14	22—41	（一）	
15	73—92	（四）	
16	64—83	（五）	
17	13—32	（二）	
18	77—96	（四）	
19	64—83	（三）	
20	7—26	（一）	

实训8　传票计算题（8）

日期_____　班级_____　姓名_____　成绩_____

题序	起止页码	每页行次	结果
1	42—61	（四）	
2	5—24	（三）	
3	57—76	（二）	
4	39—58	（一）	
5	40—59	（五）	
6	17—36	（四）	
7	8—27	（一）	
8	9—28	（二）	
9	81—100	（五）	
10	47—66	（三）	
11	20—39	（五）	
12	48—67	（二）	
13	9—28	（一）	
14	8—27	（三）	
15	6—25	（四）	
16	71—90	（五）	
17	80—99	（三）	
18	11—30	（二）	
19	29—48	（一）	
20	66—85	（四）	

实训8　传票计算题（9）

日期_____　班级_____　姓名_____　成绩_____

题序	起止页码	每页行次	结果
1	16—35	（四）	
2	36—55	（五）	
3	62—81	（二）	
4	2—21	（三）	
5	51—70	（一）	
6	64—83	（四）	
7	25—44	（三）	
8	73—92	（五）	
9	79—98	（二）	
10	44—63	（一）	
11	11—30	（一）	
12	81—100	（三）	
13	22—41	（四）	
14	12—31	（二）	
15	39—58	（五）	
16	32—51	（五）	
17	15—34	（三）	
18	43—62	（四）	
19	78—97	（二）	
20	65—84	（一）	

实训8 传票计算题（10）

日期_____ 班级_____ 姓名_____ 成绩_____

题序	起止页码	每页行次	结果
1	72—91	（五）	
2	44—63	（三）	
3	1—20	（四）	
4	11—30	（一）	
5	24—43	（二）	
6	29—48	（四）	
7	69—88	（一）	
8	50—69	（二）	
9	58—77	（五）	
10	18—37	（三）	
11	41—60	（四）	
12	1—20	（一）	
13	43—62	（三）	
14	56—75	（二）	
15	45—64	（五）	
16	68—87	（五）	
17	35—54	（四）	
18	14—33	（三）	
19	34—53	（二）	
20	21—40	（一）	

实训 9　票币算

日期_____　　班级_____　　姓名_____　　成绩_____

一、实训目的

能熟练、准确地进行票币算。

二、实训要求

1. 操作规范、指法正确。
2. 采用"一目一行看数键入法",翻页不停、看数不停、记数不停、击键不停、写数不停。

三、实训时间

每次练习 10 分钟,每天坚持练习 30 分钟左右,本项目训练时间不少于 1 个月。

四、实训过程

1. 利用纸质试题训练。
优点:能训练学生利用电子计算器进行加减计算的能力,并且训练规范书写数字。
(1) 用"GT"键。
具体操作程序:循环按"被乘数×乘数="四项键,直到所有面额的数量都输入,最后按"GT"键调出合计金额。
(2) "M+"和"MRC"键。
具体操作程序:循环按"被乘数×乘数(M+)"四项键,直到所有面额的数量都输入,最后按"MRC"键调出合计金额。
2. 利用电脑或学习机软件试题训练。
优点:快速检测学生练习结果给出评分,并能给出差错分析。
使用爱丁派学习机操作程序:开机──→技能宝典──→计算应用──→票币算──→票币算练习(或测试)──→选择时间(默认 10 分钟)──→随机(默认系数为 1)──→开始心算金额并录入──→不断按"+"进入下一行面值与数量──→10 分钟到发送成绩──→按 ESC 键退出。

五、实训考核

每 10 分钟打完 10 道题并对 6 题为合格,对 7 题为良好,对 8 题以上为优秀。

实训9 票币计算（1）

日期_____ 班级_____ 姓名_____ 成绩_____

第1题

面值	张数
壹佰元	42
伍拾元	85
贰拾元	70
壹拾元	97
伍元	27
贰元	18
壹元	25
伍角	32
贰角	71
壹角	32
伍分	84
贰分	92
壹分	50
合计	

第2题

面值	张数
壹佰元	67
伍拾元	13
贰拾元	40
壹拾元	82
伍元	56
贰元	33
壹元	25
伍角	36
贰角	94
壹角	83
伍分	74
贰分	62
壹分	55
合计	

第3题

面值	张数
壹佰元	95
伍拾元	28
贰拾元	73
壹拾元	44
伍元	29
贰元	57
壹元	42
伍角	29
贰角	50
壹角	71
伍分	23
贰分	94
壹分	37
合计	

第4题

面值	张数
壹佰元	14
伍拾元	39
贰拾元	27
壹拾元	14
伍元	21
贰元	41
壹元	93
伍角	39
贰角	18
壹角	23
伍分	54
贰分	37
壹分	25
合计	

第5题

面值	张数
壹佰元	10
伍拾元	42
贰拾元	31
壹拾元	81
伍元	28
贰元	33
壹元	23
伍角	95
贰角	24
壹角	78
伍分	33
贰分	62
壹分	12
合计	

第6题

面值	张数
壹佰元	91
伍拾元	89
贰拾元	54
壹拾元	91
伍元	37
贰元	71
壹元	18
伍角	93
贰角	80
壹角	41
伍分	31
贰分	74
壹分	20
合计	

第7题

面值	张数
壹佰元	43
伍拾元	95
贰拾元	65
壹拾元	82
伍元	71
贰元	30
壹元	19
伍角	32
贰角	61
壹角	24
伍分	19
贰分	35
壹分	91
合计	

第8题

面值	张数
壹佰元	19
伍拾元	53
贰拾元	60
壹拾元	91
伍元	42
贰元	16
壹元	23
伍角	91
贰角	13
壹角	47
伍分	28
贰分	59
壹分	34
合计	

第9题

面值	张数
壹佰元	80
伍拾元	47
贰拾元	79
壹拾元	34
伍元	79
贰元	67
壹元	21
伍角	41
贰角	35
壹角	49
伍分	88
贰分	24
壹分	38
合计	

第10题

面值	张数
壹佰元	32
伍拾元	23
贰拾元	90
壹拾元	54
伍元	37
贰元	29
壹元	44
伍角	92
贰角	88
壹角	73
伍分	36
贰分	45
壹分	23
合计	

实训9　票币计算（2）

日期_____　班级_____　姓名_____　成绩_____

第1题		第2题		第3题		第4题		第5题	
面值	张数	面值	张数	面值	张数	面值	张数	面值	张数
壹佰元	18	壹佰元	52	壹佰元	55	壹佰元	29	壹佰元	17
伍拾元	47	伍拾元	73	伍拾元	26	伍拾元	84	伍拾元	78
贰拾元	98	贰拾元	59	贰拾元	48	贰拾元	62	贰拾元	85
壹拾元	13	壹拾元	45	壹拾元	47	壹拾元	32	壹拾元	39
伍元	14	伍元	32	伍元	38	伍元	71	伍元	52
贰元	18	贰元	81	贰元	49	贰元	23	贰元	74
壹元	39	壹元	93	壹元	63	壹元	52	壹元	47
伍角	81	伍角	39	伍角	25	伍角	81	伍角	48
贰角	17	贰角	14	贰角	33	贰角	27	贰角	92
壹角	73	壹角	12	壹角	65	壹角	79	壹角	73
伍分	19	伍分	41	伍分	28	伍分	53	伍分	46
贰分	98	贰分	93	贰分	31	贰分	24	贰分	52
壹分	19	壹分	41	壹分	76	壹分	77	壹分	71
合计		合计		合计		合计		合计	

第6题		第7题		第8题		第9题		第10题	
面值	张数	面值	张数	面值	张数	面值	张数	面值	张数
壹佰元	71	壹佰元	92	壹佰元	88	壹佰元	99	壹佰元	47
伍拾元	58	伍拾元	99	伍拾元	73	伍拾元	34	伍拾元	92
贰拾元	37	贰拾元	85	贰拾元	43	贰拾元	29	贰拾元	37
壹拾元	57	壹拾元	34	壹拾元	36	壹拾元	72	壹拾元	93
伍元	56	伍元	73	伍元	77	伍元	91	伍元	15
贰元	42	贰元	82	贰元	79	贰元	43	贰元	17
壹元	93	壹元	95	壹元	48	壹元	27	壹元	19
伍角	24	伍角	93	伍角	92	伍角	42	伍角	44
贰角	52	贰角	34	贰角	93	贰角	82	贰角	52
壹角	59	壹角	93	壹角	14	壹角	19	壹角	19
伍分	84	伍分	38	伍分	35	伍分	53	伍分	13
贰分	42	贰分	73	贰分	42	贰分	24	贰分	84
壹分	14	壹分	94	壹分	82	壹分	92	壹分	59
合计		合计		合计		合计		合计	

实训9 票币计算（3）

日期_____ 班级_____ 姓名_____ 成绩_____

第1题	
面值	张数
壹佰元	43
伍拾元	59
贰拾元	29
壹拾元	72
伍元	45
贰元	53
壹元	64
伍角	88
贰角	48
壹角	52
伍分	31
贰分	71
壹分	92
合计	

第2题	
面值	张数
壹佰元	73
伍拾元	32
贰拾元	42
壹拾元	53
伍元	77
贰元	73
壹元	31
伍角	19
贰角	92
壹角	27
伍分	78
贰分	84
壹分	45
合计	

第3题	
面值	张数
壹佰元	24
伍拾元	13
贰拾元	97
壹拾元	46
伍元	79
贰元	38
壹元	62
伍角	34
贰角	59
壹角	48
伍分	21
贰分	22
壹分	62
合计	

第4题	
面值	张数
壹佰元	88
伍拾元	24
贰拾元	83
壹拾元	19
伍元	16
贰元	48
壹元	17
伍角	73
贰角	29
壹角	98
伍分	87
贰分	36
壹分	24
合计	

第5题	
面值	张数
壹佰元	13
伍拾元	34
贰拾元	98
壹拾元	49
伍元	76
贰元	58
壹元	73
伍角	34
贰角	45
壹角	44
伍分	86
贰分	73
壹分	32
合计	

第6题	
面值	张数
壹佰元	59
伍拾元	38
贰拾元	35
壹拾元	27
伍元	73
贰元	34
壹元	47
伍角	75
贰角	59
壹角	48
伍分	36
贰分	74
壹分	83
合计	

第7题	
面值	张数
壹佰元	14
伍拾元	53
贰拾元	46
壹拾元	35
伍元	74
贰元	49
壹元	78
伍角	77
贰角	46
壹角	35
伍分	93
贰分	47
壹分	63
合计	

第8题	
面值	张数
壹佰元	33
伍拾元	24
贰拾元	18
壹拾元	53
伍元	19
贰元	81
壹元	57
伍角	46
贰角	15
壹角	34
伍分	93
贰分	48
壹分	16
合计	

第9题	
面值	张数
壹佰元	42
伍拾元	16
贰拾元	87
壹拾元	72
伍元	39
贰元	51
壹元	29
伍角	89
贰角	31
壹角	62
伍分	72
贰分	36
壹分	39
合计	

第10题	
面值	张数
壹佰元	48
伍拾元	78
贰拾元	61
壹拾元	46
伍元	39
贰元	36
壹元	72
伍角	63
贰角	51
壹角	39
伍分	89
贰分	64
壹分	92
合计	

实训9 票币计算（4）

日期_____ 班级_____ 姓名_____ 成绩_____

第1题

面值	张数
壹佰元	87
伍拾元	64
贰拾元	38
壹拾元	37
伍元	63
贰元	91
壹元	98
伍角	64
贰角	29
壹角	36
伍分	63
贰分	87
壹分	48
合计	

第2题

面值	张数
壹佰元	83
伍拾元	69
贰拾元	67
壹拾元	37
伍元	92
贰元	63
壹元	27
伍角	61
贰角	28
壹角	91
伍分	89
贰分	63
壹分	92
合计	

第3题

面值	张数
壹佰元	88
伍拾元	76
贰拾元	96
壹拾元	77
伍元	93
贰元	29
壹元	66
伍角	32
贰角	72
壹角	34
伍分	81
贰分	72
壹分	81
合计	

第4题

面值	张数
壹佰元	93
伍拾元	62
贰拾元	27
壹拾元	19
伍元	83
贰元	71
壹元	82
伍角	17
贰角	80
壹角	19
伍分	23
贰分	44
壹分	63
合计	

第5题

面值	张数
壹佰元	98
伍拾元	72
贰拾元	67
壹拾元	36
伍元	77
贰元	88
壹元	91
伍角	72
贰角	53
壹角	78
伍分	67
贰分	82
壹分	19
合计	

第6题

面值	张数
壹佰元	32
伍拾元	61
贰拾元	31
壹拾元	89
伍元	29
贰元	51
壹元	39
伍角	72
贰角	16
壹角	42
伍分	84
贰分	78
壹分	93
合计	

第7题

面值	张数
壹佰元	72
伍拾元	39
贰拾元	27
壹拾元	98
伍元	64
贰元	29
壹元	27
伍角	69
贰角	36
壹角	87
伍分	48
贰分	63
壹分	92
合计	

第8题

面值	张数
壹佰元	71
伍拾元	73
贰拾元	83
壹拾元	81
伍元	63
贰元	92
壹元	87
伍角	72
贰角	96
壹角	37
伍分	92
贰分	63
壹分	75
合计	

第9题

面值	张数
壹佰元	43
伍拾元	18
贰拾元	39
壹拾元	27
伍元	34
贰元	86
壹元	72
伍角	68
贰角	18
壹角	86
伍分	73
贰分	64
壹分	56
合计	

第10题

面值	张数
壹佰元	88
伍拾元	93
贰拾元	39
壹拾元	63
伍元	54
贰元	32
壹元	59
伍角	36
贰角	63
壹角	71
伍分	69
贰分	13
壹分	89
合计	

实训9　票币计算（5）

日期_____　　班级_____　　姓名_____　　成绩_____

第1题

面值	张数
壹佰元	29
伍拾元	93
贰拾元	81
壹拾元	36
伍元	45
贰元	28
壹元	19
伍角	32
贰角	96
壹角	87
伍分	73
贰分	84
壹分	52
合计	

第2题

面值	张数
壹佰元	61
伍拾元	64
贰拾元	93
壹拾元	68
伍元	59
贰元	13
壹元	27
伍角	24
贰角	35
壹角	46
伍分	76
贰分	89
壹分	54
合计	

第3题

面值	张数
壹佰元	13
伍拾元	12
贰拾元	89
壹拾元	46
伍元	54
贰元	68
壹元	74
伍角	91
贰角	54
壹角	64
伍分	87
贰分	64
壹分	31
合计	

第4题

面值	张数
壹佰元	56
伍拾元	39
贰拾元	72
壹拾元	54
伍元	89
贰元	54
壹元	56
伍角	27
贰角	33
壹角	34
伍分	96
贰分	27
壹分	28
合计	

第5题

面值	张数
壹佰元	56
伍拾元	49
贰拾元	73
壹拾元	24
伍元	37
贰元	33
壹元	54
伍角	27
贰角	89
壹角	54
伍分	36
贰分	58
壹分	96
合计	

第6题

面值	张数
壹佰元	16
伍拾元	27
贰拾元	34
壹拾元	28
伍元	96
贰元	54
壹元	27
伍角	46
贰角	28
壹角	96
伍分	54
贰分	74
壹分	87
合计	

第7题

面值	张数
壹佰元	48
伍拾元	49
贰拾元	72
壹拾元	27
伍元	21
贰元	41
壹元	68
伍角	50
贰角	43
壹角	27
伍分	38
贰分	54
壹分	67
合计	

第8题

面值	张数
壹佰元	54
伍拾元	37
贰拾元	44
壹拾元	56
伍元	57
贰元	68
壹元	63
伍角	27
贰角	19
壹角	36
伍分	54
贰分	21
壹分	82
合计	

第9题

面值	张数
壹佰元	64
伍拾元	59
贰拾元	91
壹拾元	38
伍元	48
贰元	51
壹元	27
伍角	53
贰角	51
壹角	26
伍分	18
贰分	59
壹分	68
合计	

第10题

面值	张数
壹佰元	18
伍拾元	19
贰拾元	89
壹拾元	43
伍元	56
贰元	27
壹元	81
伍角	78
贰角	56
壹角	41
伍分	36
贰分	54
壹分	27
合计	

实训9　票币计算（6）

日期_____　班级_____　姓名_____　成绩_____

第1题	
面值	张数
壹佰元	27
伍拾元	21
贰拾元	98
壹拾元	15
伍元	14
贰元	18
壹元	39
伍角	25
贰角	57
壹角	41
伍分	27
贰分	63
壹分	51
合计	

第2题	
面值	张数
壹佰元	19
伍拾元	14
贰拾元	56
壹拾元	21
伍元	63
贰元	48
壹元	97
伍角	54
贰角	64
壹角	19
伍分	27
贰分	37
壹分	46
合计	

第3题	
面值	张数
壹佰元	27
伍拾元	64
贰拾元	84
壹拾元	54
伍元	36
贰元	57
壹元	68
伍角	54
贰角	36
壹角	96
伍分	54
贰分	36
壹分	89
合计	

第4题	
面值	张数
壹佰元	54
伍拾元	21
贰拾元	48
壹拾元	66
伍元	67
贰元	63
壹元	43
伍角	56
贰角	48
壹角	46
伍分	27
贰分	16
壹分	93
合计	

第5题	
面值	张数
壹佰元	68
伍拾元	55
贰拾元	46
壹拾元	43
伍元	21
贰元	68
壹元	54
伍角	56
贰角	27
壹角	19
伍分	61
贰分	43
壹分	56
合计	

第6题	
面值	张数
壹佰元	18
伍拾元	19
贰拾元	82
壹拾元	27
伍元	36
贰元	35
壹元	21
伍角	19
贰角	18
壹角	26
伍分	36
贰分	58
壹分	61
合计	

第7题	
面值	张数
壹佰元	19
伍拾元	28
贰拾元	72
壹拾元	37
伍元	28
贰元	19
壹元	46
伍角	68
贰角	59
壹角	61
伍分	93
贰分	82
壹分	41
合计	

第8题	
面值	张数
壹佰元	50
伍拾元	21
贰拾元	83
壹拾元	38
伍元	72
贰元	56
壹元	69
伍角	63
贰角	74
壹角	52
伍分	28
贰分	39
壹分	40
合计	

第9题	
面值	张数
壹佰元	38
伍拾元	27
贰拾元	56
壹拾元	43
伍元	29
贰元	34
壹元	58
伍角	76
贰角	77
壹角	78
伍分	64
贰分	49
壹分	94
合计	

第10题	
面值	张数
壹佰元	28
伍拾元	29
贰拾元	19
壹拾元	27
伍元	17
贰元	46
壹元	49
伍角	51
贰角	68
壹角	73
伍分	74
贰分	61
壹分	91
合计	

实训9　票币计算（7）

日期_____　　班级_____　　姓名_____　　成绩_____

第1题

面值	张数
壹佰元	37
伍拾元	46
贰拾元	62
壹拾元	48
伍元	51
贰元	16
壹元	17
伍角	19
贰角	18
壹角	23
伍分	59
贰分	60
壹分	69
合计	

第2题

面值	张数
壹佰元	68
伍拾元	74
贰拾元	93
壹拾元	39
伍元	40
贰元	42
壹元	28
伍角	27
贰角	16
壹角	10
伍分	50
贰分	19
壹分	59
合计	

第3题

面值	张数
壹佰元	43
伍拾元	79
贰拾元	38
壹拾元	80
伍元	62
贰元	73
壹元	34
伍角	56
贰角	87
壹角	73
伍分	62
贰分	18
壹分	89
合计	

第4题

面值	张数
壹佰元	65
伍拾元	83
贰拾元	97
壹拾元	42
伍元	81
贰元	19
壹元	22
伍角	28
贰角	29
壹角	31
伍分	19
贰分	18
壹分	75
合计	

第5题

面值	张数
壹佰元	90
伍拾元	83
贰拾元	38
壹拾元	21
伍元	28
贰元	27
壹元	22
伍角	23
贰角	46
壹角	48
伍分	49
贰分	50
壹分	58
合计	

第6题

面值	张数
壹佰元	61
伍拾元	62
贰拾元	63
壹拾元	64
伍元	65
贰元	69
壹元	43
伍角	49
贰角	50
壹角	67
伍分	43
贰分	41
壹分	89
合计	

第7题

面值	张数
壹佰元	50
伍拾元	12
贰拾元	18
壹拾元	64
伍元	50
贰元	29
壹元	31
伍角	46
贰角	19
壹角	18
伍分	17
贰分	18
壹分	29
合计	

第8题

面值	张数
壹佰元	19
伍拾元	28
贰拾元	92
壹拾元	46
伍元	56
贰元	70
壹元	21
伍角	19
贰角	20
壹角	13
伍分	14
贰分	20
壹分	46
合计	

第9题

面值	张数
壹佰元	30
伍拾元	40
贰拾元	29
壹拾元	64
伍元	38
贰元	46
壹元	40
伍角	29
贰角	46
壹角	68
伍分	43
贰分	32
壹分	29
合计	

第10题

面值	张数
壹佰元	62
伍拾元	36
贰拾元	46
壹拾元	29
伍元	34
贰元	66
壹元	65
伍角	28
贰角	30
壹角	21
伍分	17
贰分	24
壹分	82
合计	

实训9 票币计算（8）

日期_____ 班级_____ 姓名_____ 成绩_____

第1题

面值	张数
壹佰元	71
伍拾元	63
贰拾元	93
壹拾元	58
伍元	12
贰元	70
壹元	68
伍角	50
贰角	39
壹角	28
伍分	27
贰分	38
壹分	50
合计	

第2题

面值	张数
壹佰元	47
伍拾元	39
贰拾元	60
壹拾元	91
伍元	17
贰元	19
壹元	20
伍角	32
贰角	19
壹角	27
伍分	73
贰分	46
壹分	56
合计	

第3题

面值	张数
壹佰元	49
伍拾元	68
贰拾元	94
壹拾元	52
伍元	49
贰元	38
壹元	62
伍角	78
贰角	17
壹角	45
伍分	74
贰分	81
壹分	22
合计	

第4题

面值	张数
壹佰元	30
伍拾元	49
贰拾元	93
壹拾元	87
伍元	23
贰元	27
壹元	45
伍角	68
贰角	72
壹角	66
伍分	30
贰分	21
壹分	89
合计	

第5题

面值	张数
壹佰元	27
伍拾元	39
贰拾元	82
壹拾元	49
伍元	83
贰元	72
壹元	63
伍角	50
贰角	61
壹角	52
伍分	29
贰分	27
壹分	30
合计	

第6题

面值	张数
壹佰元	53
伍拾元	28
贰拾元	94
壹拾元	76
伍元	30
贰元	21
壹元	18
伍角	32
贰角	70
壹角	85
伍分	90
贰分	42
壹分	18
合计	

第7题

面值	张数
壹佰元	50
伍拾元	70
贰拾元	82
壹拾元	83
伍元	96
贰元	21
壹元	15
伍角	39
贰角	28
壹角	40
伍分	50
贰分	58
壹分	13
合计	

第8题

面值	张数
壹佰元	39
伍拾元	28
贰拾元	97
壹拾元	17
伍元	12
贰元	25
壹元	29
伍角	50
贰角	31
壹角	18
伍分	14
贰分	43
壹分	49
合计	

第9题

面值	张数
壹佰元	48
伍拾元	79
贰拾元	82
壹拾元	71
伍元	32
贰元	29
壹元	36
伍角	48
贰角	80
壹角	27
伍分	58
贰分	63
壹分	27
合计	

第10题

面值	张数
壹佰元	33
伍拾元	42
贰拾元	48
壹拾元	26
伍元	63
贰元	52
壹元	38
伍角	79
贰角	80
壹角	27
伍分	73
贰分	51
壹分	29
合计	

实训9　票币计算（9）

日期_____　班级_____　姓名_____　成绩_____

第1题	
面值	张数
壹佰元	46
伍拾元	78
贰拾元	92
壹拾元	29
伍元	50
贰元	43
壹元	24
伍角	87
贰角	75
壹角	63
伍分	42
贰分	28
壹分	27
合计	

第2题	
面值	张数
壹佰元	53
伍拾元	29
贰拾元	87
壹拾元	31
伍元	15
贰元	22
壹元	24
伍角	28
贰角	85
壹角	73
伍分	36
贰分	38
壹分	62
合计	

第3题	
面值	张数
壹佰元	51
伍拾元	52
贰拾元	98
壹拾元	29
伍元	37
贰元	56
壹元	42
伍角	43
贰角	39
壹角	61
伍分	33
贰分	28
壹分	58
合计	

第4题	
面值	张数
壹佰元	27
伍拾元	29
贰拾元	83
壹拾元	23
伍元	85
贰元	79
壹元	82
伍角	39
贰角	27
壹角	16
伍分	17
贰分	25
壹分	39
合计	

第5题	
面值	张数
壹佰元	42
伍拾元	29
贰拾元	52
壹拾元	24
伍元	39
贰元	26
壹元	38
伍角	42
贰角	72
壹角	54
伍分	63
贰分	36
壹分	10
合计	

第6题	
面值	张数
壹佰元	20
伍拾元	38
贰拾元	92
壹拾元	29
伍元	27
贰元	62
壹元	43
伍角	52
贰角	67
壹角	52
伍分	23
贰分	25
壹分	27
合计	

第7题	
面值	张数
壹佰元	18
伍拾元	27
贰拾元	36
壹拾元	28
伍元	62
贰元	72
壹元	77
伍角	63
贰角	28
壹角	59
伍分	38
贰分	72
壹分	10
合计	

第8题	
面值	张数
壹佰元	39
伍拾元	29
贰拾元	38
壹拾元	16
伍元	29
贰元	43
壹元	30
伍角	18
贰角	27
壹角	62
伍分	54
贰分	50
壹分	59
合计	

第9题	
面值	张数
壹佰元	19
伍拾元	27
贰拾元	53
壹拾元	28
伍元	33
贰元	24
壹元	42
伍角	37
贰角	64
壹角	56
伍分	72
贰分	13
壹分	58
合计	

第10题	
面值	张数
壹佰元	52
伍拾元	38
贰拾元	23
壹拾元	52
伍元	19
贰元	28
壹元	59
伍角	24
贰角	47
壹角	52
伍分	17
贰分	23
壹分	28
合计	

实训9　票币计算（10）

日期_____　班级_____　姓名_____　成绩_____

第1题		第2题		第3题		第4题		第5题	
面值	张数	面值	张数	面值	张数	面值	张数	面值	张数
壹佰元	52	壹佰元	42	壹佰元	32	壹佰元	46	壹佰元	39
伍拾元	28	伍拾元	32	伍拾元	71	伍拾元	22	伍拾元	31
贰拾元	75	贰拾元	29	贰拾元	23	贰拾元	35	贰拾元	29
壹拾元	62	壹拾元	20	壹拾元	18	壹拾元	42	壹拾元	92
伍元	24	伍元	35	伍元	17	伍元	31	伍元	39
贰元	42	贰元	72	贰元	38	贰元	48	贰元	83
壹元	52	壹元	70	壹元	39	壹元	67	壹元	18
伍角	27	伍角	63	伍角	32	伍角	27	伍角	41
贰角	24	贰角	65	贰角	51	贰角	16	贰角	42
壹角	26	壹角	72	壹角	63	壹角	28	壹角	76
伍分	24	伍分	30	伍分	28	伍分	76	伍分	28
贰分	38	贰分	29	贰分	15	贰分	32	贰分	53
壹分	50	壹分	58	壹分	98	壹分	56	壹分	49
合计		合计		合计		合计		合计	

实训 10　　账表算

日期_____　　班级_____　　姓名_____　　成绩_____

一、实训目的

能熟练、准确地进行看数录入、看数计算加减的方法。

二、实训要求

1. 操作规范、指法正确。
2. 采用"一目一行看数键入法",翻页不停、看数不停、记数不停、击键不停、写数不停。

三、实训时间

每天坚持练习 30 分钟左右,本项目训练时间为全学年。

四、实训过程

1. 利用纸质试题训练。
优点:能训练学生利用电子计算器进行加减计算的能力,并且训练规范书写数字。
2. 利用电脑或学习机软件试题训练。
优点:快速检测学生练习结果给出评分,并能给出差错分析。
使用爱丁派学习机操作程序:开机──→技能宝典──→计算应用──→账表算──→传票算练习(或测试)──→选择"先行后列"(或"先列后行")──→选时间(默认 10 分钟)──→随机系数(默认为 1)──→开始练习(或测试)──→每行或列算完后按回车键换行或列──→10 分钟完后发送成绩──→按 ESC 键退出。

五、实训考核

每张表满分 200 分,限时 20 分钟完成。纵向题每题 14 分,共计 70 分;横向题每题 4 分,共计 80 分,全卷合计 150 分。而能扎平者(即横向合计的和与纵向合计的和相等),再另加 50 分。准确率达到 80% 以上为合格。

实训 10 账表算（1）

日期_____ 班级_____ 姓名_____ 成绩_____

序号	一	二	三	四	五	合计
一	49,561	504,861	20,748	904,257	96,305	
二	6,720	2,739	9,531	-72,415	8,721	
三	284,039	75,013	462,705	3,186	563,487	
四	178	182	53,896	567,840	-625	
五	53,864	49,063	319	-26,389	23,410	
六	9,657	6,718	1,487	632	-310,947	
七	320,915	942,035	764,210	17,094	183	
八	826	38,714	856	435	-78,406	
九	76,304	892,540	60,932	-843,057	452,079	
十	645,198	59,671	475,108	2,891	-8,913	
十一	32,704	725	62,943	91,572	658	
十二	403,857	9,308	215,039	-3,960	-52,316	
十三	129	124	980	17,836	1,932	
十四	86,057	86,501	7,604	-718	207,469	
十五	2,391	324,976	58,312	405,629	48,075	
合计						

实训10　账表算（2）

日期_____　班级_____　姓名_____　成绩_____

序号	一	二	三	四	五	合计
一	514,840	50,396	3,786	290,836	905,867	
二	937,612	462	90,415	4,157	521	
三	4,208	781,304	129,846	91,403	-72,950	
四	137	289	593	-196	3,415	
五	658,923	1,657	62,387	678,520	69,803	
六	20,741	83,469	7,140	50,862	-264	
七	3,958	902,751	2,569,479	-7,358	823,741	
八	841	67,408	85,230	34,715	-1,835	
九	76,590	390,257	416,893	-802,451	45,296	
十	369,742	61,384	725	924	-738,610	
十一	4,051	7,512	1,908	8,107	105	
十二	95,607	183	50,631	-29,470	-54,029	
十三	513,826	946,025	391,247	632	387,296	
十四	213	2,473	425	-36,857	387,296	
十五	84,907	85,690	60,879	461,309	94,831	
合计						

实训10 账表算（3）

日期_____ 班级_____ 姓名_____ 成绩_____

序号	一	二	三	四	五	合计
一	895	92,458	1,469	89,605	530,284	
二	3,127	673	70,285	-3,214	-9,167	
三	64,051	507,849	341	714,096	803	
四	487,639	43,021	506,892	327,581	15,729	
五	20,548	672	37,516	729	-1,645	
六	719,302	310,985	9,384	-30,458	90,317	
七	64,196	6,407	720,453	61,974	826	
八	8,035	48,396	82,907	508,263	-75,641	
九	274	521	612	-9,307	8,092	
十	201,983	231,764	40,958	682	-302,478	
十一	56,729	90,583	561,739	-341,596	931	
十二	840,361	6,147	426	70,312	-65,129	
十三	593	58,092	85,071	48,675	453,068	
十四	28,104	703,684	4,395	-4,021	79,513	
十五	5,976	2,175	687,012	983	618,742	
合计						

实训10 账表算（4）

日期_____ 班级_____ 姓名_____ 成绩_____

序号	一	二	三	四	五	合计
一	803	81,952	37,054	580,149	96,805	
二	42,657	570,843	729,504	-408	137	
三	527,091	491	8,613	408	-60,742	
四	96,138	7,023	12,968	-61,397	354,928	
五	602,584	39,468	903,256	9,845	671	
六	4,197	605,287	712	-270,516	-69,035	
七	25,903	971	69,208	84,173	703,421	
八	734	48,106	3,584	905,362	-2,658	
九	702,681	2,753	850,417	938	51,294	
十	9,046	96,134	276	17,056	7,409	
十一	583	135,028	74,139	-3,824	43,816	
十二	14,937	675	598,063	56,109	-187,092	
十三	8,602	8,402	3,721	-247	8,437	
十四	370,415	54,129	695	680,935	-625	
十五	68,259	809,367	48,102	7,124	190,563	
合计						

实训10　账表算（5）

日期_____　　班级_____　　姓名_____　　成绩_____

序号	一	二	三	四	五	合计
一	9,657	32,046	780,243	10,873	32,895	
二	214,803	9,517	651	95,246	740,162	
三	50,216	803,765	9,176	705	3,781	
四	904	91,428	429	-214,936	409	
五	37,628	504	58,307	847	-650,981	
六	714,093	7,389	103,852	-2,091	6,723	
七	5,361	612,043	9,468	56,382	-45,096	
八	289	59,261	41,502	-4,059	742	
九	70,542	872	637,984	1,734	-58,317	
十	498,015	5,904	635	-40,627	614,208	
十一	736	368,712	29,107	589,316	-9,534	
十二	51,902	15,948	6,258	548	682	
十三	364,871	67,839	370,916	372,109	-57,039	
十四	9,604	406	41,685	-50,942	138,427	
十五	52,837	521,783	97,023	17,863	21,506	
合计						

实训10　账表算（6）

日期_____　班级_____　姓名_____　成绩_____

序号	一	二	三	四	五	合计
一	18,547	63,725	528,063	51,478	84,916	
二	874,602	607,145	716	9,063	-607	
三	6,093	2,098	7,915	206,748	529,073	
四	39,561	384	724	-35,916	607,541	
五	248	541,069	34,809	248	26,375	
六	7,539	81,427	528,091	248	26,375	
七	2,763,015	3,579	8,136	629	-384	
八	269	14,562	50,247	2,730,158	690,145	
九	24,806	396	894,607	-68,402	21,748	
十	4,189	304,782	365	8,419	-3,597	
十一	743,105	8,015	14,293	175,304	25,146	
十二	37,196	670	9,842	-43,196	-396	
十三	523,081	509,237	506,178	352,810	347,082	
十四	670	61,849	57,416	-768	89,321	
十五	94,825	21,983	90,832	92,075	-1,085	
合计						

实训 10　账表算（7）

日期_____　班级_____　姓名_____　成绩_____

序号	一	二	三	四	五	合计
一	6,728	892,563	578,134	83,064	43,862	
二	160,893	4,071	1,659,428	4,908,275	-3,418	
三	503,924	80,513	9,082	-1,728	715,209	
四	4,752	728,649	67,914	31,246	-95,672	
五	69,137	24,375	3,807	-460,395	1,025	
六	40,615	1,503	832,051	5,731	-170,542	
七	2,504,789	907,861	24,165	-206,948	6,839	
八	18,564	6,759,128	208,796	8,695,417	964,783	
九	859,327	76,943	1,635	581,073	56,178	
十	10,476	4,235	539,027	1,947	-867,095	
十一	732,091	386,541	61,204	-68,492	2,410,938	
十二	9,403,186	2,097	940,283	275,309	-14,706	
十三	2,593	1,840,639	3,957	60,235	3,945,012	
十四	768,459	572,806	7,416,809	5,106	560,139	
十五	3,102	19,324	54,732	-382,974	3,827	
合计						

实训 10　账表算（8）

日期_____　班级_____　姓名_____　成绩_____

序号	一	二	三	四	五	合计
一	10,476	9,675,018	61,204	8,154,037	908,765	
二	358,927	47,293	205,397	-206,849	-6,389	
三	40,165	1,305	12,465	3,517	170,524	
四	5,247	268,749	3,708	43,126	-29,657	
五	806,193	31,058	8,925,146	-728,095	1,483	
六	237,019	1,809,334	1,635	50,236	3,509,612	
七	46,105	785,206	492,083	938,724	-415,069	
八	976,854	31,942	73,254	1,056	8,237	
九	9,235	9,207	9,761,083	-327,509	74,301	
十	4,308,196	853,614	5,974	64,892	63,824	
十一	2,687	4,107	658,317	7,182	-715,904	
十二	950,324	589,263	9,802	-86,034	1,025	
十三	76,913	32,574	41,796	460,593	-467,389	
十四	5,420,879	697,801	508,123	5,869,417	85,167	
十五	617,485	2,485	287,069	-4,791	8,091,423	
合计						

实训10 账表算（9）

日期_____ 班级_____ 姓名_____ 成绩_____

序号	一	二	三	四	五	合计
一	5,063,917	9,632	27,498	582,419	7,921	
二	284,756	7,480,159	301,657	6,307,584	8,305,469	
三	10,842	52,684	6,820,349	6,172	-418,735	
四	3,968	307,946	51,973	-390,856	62,094	
五	92,014	83,075	482,506	21,907	3,628	
六	573,689	219,638	1,672	-34,691	-150,796	
七	4,102,735	7,021	4,039,581	5,023	3,704,812	
八	649,183	49,587	2,734	4,782,395	-589,047	
九	72,051	601,293	91,065	-107,468	2,153	
十	4,697	4,598,062	245,378	346,129	635,801	
十一	280,536	35,741	16,029	-85,076	26,349	
十二	91,278	1,367	805,763	1,285	-1,853	
十三	453,061	849,502	4,291	34,907	492,067	
十四	2,845	571,483	390,185	-7,813	-74,325	
十五	1,703	9,026	6,427	860,459	80,916	
合计						

实训10　账表算（10）

日期_____　班级_____　姓名_____　成绩_____

序号	一	二	三	四	五	合计
一	407,213	37,128	7,314,592	5,128	457,139	
二	6,392	724,501	56,249	1,732,906	-8,423	
三	70,835	2,645,098	851,623	-517,069	601,235	
四	8,109	79,635	4,376	-84,702	6,790,152	
五	912,073	387,169	50,648	4,183	-9,028	
六	4,157,608	6,527	1,589,067	792,418	47,863	
七	5,489	5,713,094	70,423	6,918,035	-684,371	
八	562,174	2,837	968,217	-673,904	8,743	
九	8,067,419	95,468	90,185	4,573	-4,560,987	
十	13,985	204,179	769,304	721,609	26,105	
十一	517,426	60,813	8,052	-52,893	540,972	
十二	79,632	935,086	736,501	8,625	9,305	
十三	815,346	1,804	9,084	637,248	81,297	
十四	90,253	429,031	892,713	-40,593	-305,916	
十五	8,602	4,625	4,321	61,405	82,164	
合计						

项目三
出纳挑残识假技能

实训1　第五套人民币（2005年版）100元、50元的防伪特征训练

日期_____　班级_____　姓名_____　成绩_____

一、单项选择题

1. 人民币是中国人民银行依法发行的货币，包括（　　）。
   A. 主币和辅币　　　　B. 纸币和硬币　　　　C. 流通币和退出流通币
2. 2005年版第五套人民币的发行时间是（　　）。
   A. 2005年9月1日　　B. 2005年8月31日　　C. 2005年10月1日
3. 《中华人民共和国中国人民银行法》明确规定：人民币由（　　）统一发行。
   A. 中国人民银行　　　B. 国务院　　　　　　C. 中华人民共和国
4. 2005年版第五套人民币共发行（　　）个券别，其中有（　　）种面额硬币。
   A. 6、3　　　　　　　B. 5、3　　　　　　　C. 6、1
5. 第五套人民币100元纸币正面主景是（　　）、背面主景是（　　）。
   A. 毛泽东头像、人民大会堂图案　　　　B. 毛泽东头像、布达拉宫
   C. 毛泽东头像、桂林山水
6. 第五套人民币50元纸币正面主景是（　　）、背面主景是（　　）。
   A. 毛泽东头像、人民大会堂图案　　　　B. 毛泽东头像、布达拉宫
   C. 毛泽东头像、桂林山水
7. 2005年版第五套人民币50元纸币正面行名下方底纹中的胶印微缩文字是（　　）。
   A. "50" "RMB50" 字样　　　　　　　　B. "RMB" "RMB50" 字样
   C. "50" "RMB" 字样
8. 第五套人民币100元纸币的光变面额数字垂直观察的颜色变化是由（　　）。
   A. 绿变金　　　　　　B. 绿变蓝　　　　　　C. 蓝变黄
9. 第五套人民币2005年版100元、50元纸币的冠字号码颜色是（　　）。

A. 暗红色、黑色　　　B. 红色、黑色　　　C. 红色、蓝色
10. 第五套人民币 2005 年版 100 元、50 元纸币的冠字号码是（　　）。
A. 双色横号码　　　B. 双色异形横号码　　　C. 横竖双号码

二、多项选择题

1. (　　) 防伪措施，需迎光透视观察。
A. 光变油墨　　　　　　　　　　　B. 水印
C. 隐形面额数字　　　　　　　　　D. 胶印对印图案
E. 凸印缩微文字
2. 2005 年版第五套人民币 50 元纸币正面（　　）是采用雕刻凹版印刷的。
A. 头像　　　　B. 行名　　　　C. 国徽　　　　D. 对印图案
E. 含隐形面额数字的装饰图案
3. 第五套人民币采用固定人像水印的有（　　）。
A. 100 元　　　B. 50 元　　　C. 20 元　　　D. 10 元
E. 5 元
4. 2005 年版第五套人民币（　　）券别纸币采用了胶印对印图案的防伪措施。
A. 100 元　　　B. 50 元　　　C. 20 元　　　D. 10 元
E. 5 元
5. 2005 年版第五套人民币（　　）券别纸币采用了透光性很强的白水印防伪特征。
A. 100 元　　　B. 50 元　　　C. 20 元　　　D. 10 元
E. 5 元
6. 2005 年版第五套人民币（　　）券别纸币采用了双色异形横号码。
A. 100 元　　　B. 50 元　　　C. 20 元　　　D. 10 元
E. 5 元
7. 2005 年版第五套人民币（　　）券别纸币采用背开式全息磁性开窗安全线。
A. 100 元　　　B. 50 元　　　C. 20 元　　　D. 10 元
E. 5 元
8. 2005 年版第五套人民币纸币采用光变油墨面额数字的有（　　）。
A. 100 元　　　B. 50 元　　　C. 20 元　　　D. 10 元
E. 5 元　　　　F. 1 元

三、判断题

1. 当前市场上流通的第 5 套人民币有 1999 年和 2005 年两种版别。　　　　（　　）
2. 第五套人民币 100 元、50 元和 10 元纸币上的"阴阳互补对印图案"是花卉。
　　　　　　　　　　　　　　　　　　　　　　　　　　　　　　　　（　　）
3. 2005 年版的 50 元人民币背面主题为"西藏"。　　　　　　　　　　　（　　）

4. 2005年版第五套人民币100、50元纸币在正面主景图案右侧都有凹印手感线。
（   ）

5. 第五套人民币2005年版100元、50元纸币安全线包含的防伪措施是全息图案、缩微文字、开窗和磁性。
（   ）

四、按图1-3-1中标识写出100元的防伪特征

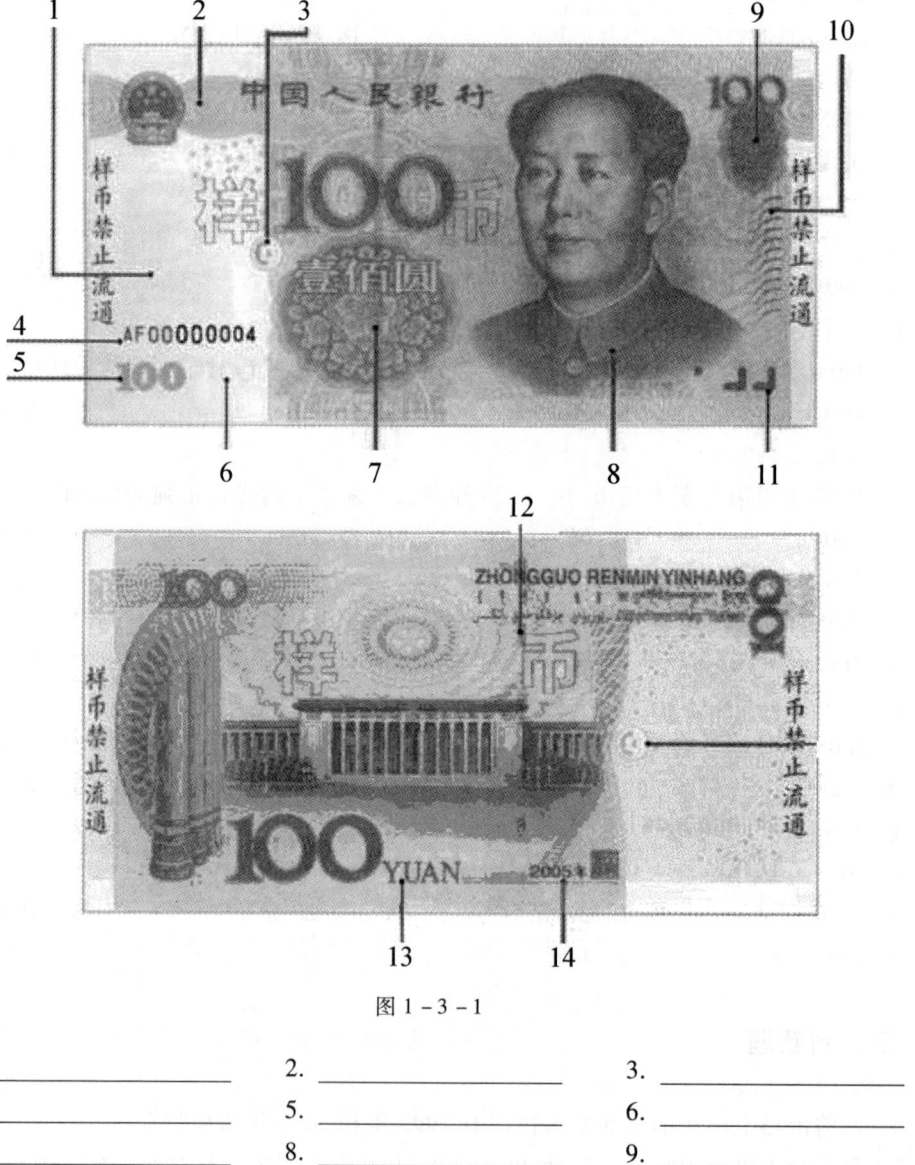

图1-3-1

1. _____ 2. _____ 3. _____
4. _____ 5. _____ 6. _____
7. _____ 8. _____ 9. _____
10. _____ 11. _____ 12. _____
13. _____ 14. _____

实训 2　第五套人民币（2005 年版）20、10、5、1 元的防伪特征训练

日期_____　　班级_____　　姓名_____　　成绩_____

一、单项选择题

1. 第五套人民币 20 元纸币背面主景图案是（　　）。
   A. 长江三峡
   B. 布达拉宫
   C. 桂林山水

2. 为完善币制，满足市场货币流通的需要，第五套人民币在第四套人民币的基础上，新增加了（　　）面额钞票。
   A. 20 元　　　　　　B. 50 元　　　　　　C. 100 元

3. 第五套人民币 10 元纸币正面主景是（　　）图案，背面主景是（　　）图案。
   A. 毛泽东头像、布达拉宫
   B. 毛泽东头像、桂林山水
   C. 毛泽东头像、长江三峡

4. 第五套人民币 5 元纸币正面主景是（　　）图案，背面主景是（　　）图案。
   A. 毛泽东头像、人民大会堂
   B. 毛泽东头像、布达拉宫
   C. 毛泽东头像、泰山

5. 第五套人民币 1 元纸币背面主景图案是（　　）。
   A. 泰山　　　　　　B. 西湖　　　　　　C. 桂林山水

6. 第五套人民币 10 元纸币安全线包括的防伪措施是（　　）。
   A. 全息、磁性、开窗
   B. 磁性、荧光、开窗
   C. 全息、荧光、开窗

7. 第五套人民币 5 元纸币的白水印图案是（　　）。
   A. "5"　　　　　　B. 水仙花　　　　　　C. "RMB5"

8. 第五套人民币 5 元纸币的固定花卉水印是（　　）图案。
   A. 兰花　　　　　　B. 荷花　　　　　　C. 水仙花

二、多项选择题

1. 第五套人民币采用固定花卉水印的有（　　）。
   A. 100 元　　　　B. 50 元　　　　C. 20 元　　　　D. 10 元

E. 5 元

2. 第五套人民币 2005 年版 20 元纸币的防伪特征有（　　）。

A. 白水印

B. 凹印手感线

C. 胶印对印图案

D. 双色异形横号码

3. 第五套人民币 2005 年版（　　）券别纸币采用双色横号码。

A. 100 元　　　　B. 50 元　　　　C. 20 元　　　　D. 10 元

E. 5 元

4. 第五套人民币 2005 年版（　　）券别纸币采用正开式全息磁性开窗安全线。

A. 100 元　　　　B. 50 元　　　　C. 20 元　　　　D. 10 元

E. 5 元

5. 对第五套人民币 2005 年版 20 元纸币的防伪特征全息磁性开窗安全线正确叙述的有（　　）。

A. 正面中间偏左

B. 背面开窗

C. 开窗部分可以看到由缩微字符"￥20"组成的全息图案

D. 仪器检测有磁性

三、判断题

1. 10 元券人民币票面主色调为蓝色。　　　　　　　　　　　　　　　　（　　）
2. 10 元人民币背面主景为"泰山"图案。　　　　　　　　　　　　　　（　　）
3. 10 元人民币正面左侧空白处，迎光透视，可以看到立体感很强的月季花水印。
　　　　　　　　　　　　　　　　　　　　　　　　　　　　　　　　（　　）
4. 5 元券人民币背面主景为"长江三峡"图案。　　　　　　　　　　　　（　　）
5. 1 元人民币的背面主景图案为杭州西湖。　　　　　　　　　　　　　（　　）
6. 5 元券人民币位于左侧空白处，迎光透视，可以看到立体感很强的荷花水印。
　　　　　　　　　　　　　　　　　　　　　　　　　　　　　　　　（　　）
7. 1 元券人民币票面主色为浅绿色。　　　　　　　　　　　　　　　　（　　）
8. 固定水印均位于各票面正面右侧空白处，迎光透视，可以看到立体感很强的水印。
　　　　　　　　　　　　　　　　　　　　　　　　　　　　　　　　（　　）
9. 第五套人民币纸币正面主景毛泽东头像，均采用手工雕刻凹版印刷工艺，形象逼真、传神，凹凸感强。　　　　　　　　　　　　　　　　　　　　　（　　）
10. 第五套人民币的 5 元人民币正面左侧空白处，迎光透视，可以看到立体感很强的兰花水印。　　　　　　　　　　　　　　　　　　　　　　　　　（　　）
11. 20 元纸币的左下角有古钱币圆形图案。　　　　　　　　　　　　　（　　）
12. 20 元的水印是莲花。　　　　　　　　　　　　　　　　　　　　　（　　）
13. 20 元人民币的背面主景为长江三峡。　　　　　　　　　　　　　　（　　）

四、按图 1-3-2 中标识写出 20 元的防伪特征。

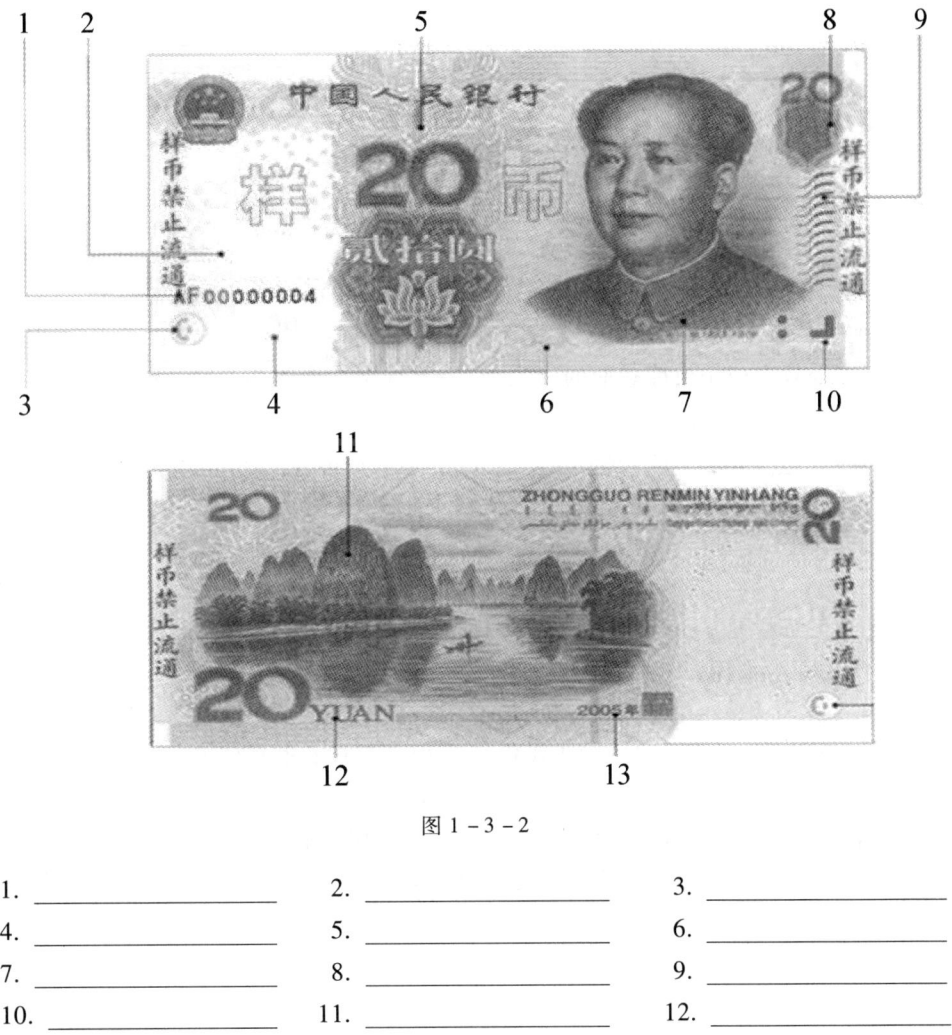

图 1-3-2

1. _____ 2. _____ 3. _____
4. _____ 5. _____ 6. _____
7. _____ 8. _____ 9. _____
10. _____ 11. _____ 12. _____
13. _____

实训3　第五套人民币（2015年版）100元的防伪特征训练

日期_____　　班级_____　　姓名_____　　成绩_____

一、单项选择题

1. 按照国际惯例，一般（　　）年会进行一次货币改版升级。
   A. 5到8　　　　　　B. 8　　　　　　　C. 10　　　　　　　D. 3到5
2. 光变镂空开窗安全线位于票面（　　）。
   A. 左侧　　　　　　B. 右侧　　　　　　C. 上方　　　　　　D. 下方
3. 光彩光变数字位于票面正面的（　　），是国际钞票防伪领域公认的前沿公众防伪技术之一，公众更容易识别。
   A. 中部　　　　　　B. 左侧　　　　　　C. 右侧　　　　　　D. 下面
4. 在票面正面左侧空白处，在透光观察时就可看到与人像相同、立体感很强的（　　）头像水印。
   A. 邓小平　　　　　B. 毛泽东　　　　　C. 周恩来　　　　　D. 习近平
5. 在票面正面左下方和背面右下方，两面都有数字"100"的局部图案。在（　　）观察的情况下，正背面图案就可以组成一个完整的"100"。
   A. 平视　　　　　　B. 俯视　　　　　　C. 迎光　　　　　　D. 透光
6. 在毛泽东头像、国徽、"中国人民银行"行名、右上角面额数字、盲文及背面人民大会堂全部采用雕刻凹印印刷，当用手指触摸时会有明显的（　　）。
   A. 手感　　　　　　B. 光滑感　　　　　C. 阻力感　　　　　D. 凹凸感
7. 正面的胶印对印图案由古钱币图案改为面额数字"100"，并由票面左侧中间位置调整至（　　）。
   A. 左上角　　　　　B. 右侧中间　　　　C. 右下角　　　　　D. 左下角
8. 光变镂空开窗安全线和磁性全埋安全线分别位于票面两边，也有利于（　　）。
   A. 机读　　　　　　　　　　　　　　　B. 公众识别
   C. 防止变造人民币　　　　　　　　　　D. 降低防伪成本

二、多项选择题

1. 中国人民银行共发行了（　　）三个版本的第五套人民币。
   A. 1999年版　　　　B. 2005年版　　　　C. 2015年版　　　　D. 2019年版
2. 目前市面上流通的第五套人民币主要是（　　）两个版本。
   A. 1999年版　　　　B. 2005年版　　　　C. 2015年版　　　　D. 2019年版
3. 中国人民银行决定发行2015年版第五套人民币100元纸币的原因有（　　）。
   A. 更好地保护人民币持有人的利益

B. 不断提高钞票的防伪技术和印制质量

C. 保持人民币防伪技术的领先地位

D. 有利于人民币国际化进程

4. 2015 年版第五套人民币 100 元纸币在保持规格、主图案、主色调等与 2005 年版第五套人民币 100 元纸币不变的前提下，对票面图案、防伪特征及其布局进行了调整，其特点是（　　）。

A. 提高机读性能　　　　　　　　　B. 采用了先进的公众防伪技术

C. 便于公众识别真伪　　　　　　　D. 降低了防伪制作成本

5. 垂直观察票面时，光变镂空开窗安全线呈现（　　）色，而与票面成一定角度观察时，安全线又会呈现（　　）色；透光观察，还可以看到安全线中正反交替排列着镂空文字（　　）字样。

A. 品红　　　　　B. 绿　　　　　C. RMB100　　　　　D. ￥100

6. 垂直观察光彩光变数字时数字是（　　）色；平视观察则变为（　　）色。随着观察角度的改变，数字颜色在上述两种颜色之间交替变化，还可以看到一条亮光带（　　）。

A. 金　　　　　B. 黄　　　　　C. 绿　　　　　D. 闪亮

E. 上下滚动

7. 位于票面正面左下方是横号码，冠字和前两位数字是（　　）色，后六位数字为（　　）色；而票面正面右侧则是（　　）色的竖号码。

A. 大红　　　　　B. 暗红　　　　　C. 黑　　　　　D. 蓝

8. 2015 年版第五套人民币 100 元纸币是 2005 年版第五套人民币 100 元纸币的升级版，它对正面图案做的调整中取消了（　　）。

A. 凹印手感线　　　　　　　　　B. 隐形面额数字

C. 光变油墨面额数字　　　　　　D. 白水印

9. 2015 年版第五套人民币 100 元纸币对正面图案做的调整中增加了（　　）。

A. 光彩光变数字　　　　　　　　B. 光变镂空开窗安全线

C. 横号码　　　　　　　　　　　D. 竖号码

10. 2015 年版第五套人民币 100 元纸币与 2005 年版第五套人民币 100 元纸币的防伪技术和印制质量主要的改进和提升有（　　）。

A. 人像水印清晰度明显提升，层次更加丰富

B. 增加了光彩光变技术

C. 采用了横竖双号码

D. 使用了两条安全线

实训 4　第五套人民币（2019 年版）50、20、10、1 元的防伪特征训练

日期＿＿＿＿＿　　班级＿＿＿＿＿　　姓名＿＿＿＿＿　　成绩＿＿＿＿＿

一、单项选择题

1. 第五套人民币 2019 版发行时间确定为从（　　）起。
   A. 2019 年 7 月 1 日　　　　　　　　B. 2019 年 8 月 30 日
   C. 2019 年 10 月 1 日　　　　　　　D. 2019 年 12 月 30 日
2. 2019 年发行的第五套人民币暂时没有安排改版的是（　　）。
   A. 50 元　　　　B. 20 元　　　　C. 10 元　　　　D. 5 元
   E. 1 元纸币　　　F. 1 角硬币
3. 新版纸币正面中部面额数字没有调整为光彩光变面额数字的是（　　）。
   A. 50 元　　　　B. 20 元　　　　C. 10 元　　　　D. 1 元
4. 新版 50 元光彩光变面额数字"50"的颜色在（　　）之间交替变化，并可见一条光带在数字上下滚动。
   A. 绿、蓝　　　　B. 红、绿　　　　C. 红、蓝　　　　D. 绿、黄
5. 采用动感光变镂空开窗安全线防伪技术的是新版（　　）纸币。
   A. 50 元　　　　B. 20 元　　　　C. 10 元　　　　D. 1 元
6. 白水印位于票面正面横号码下方，透光观察可见（　　）。
   A. 水印人像　　B. 水印花卉　　C. 水印面额数字　　D. 水印建筑物
7. 票面正面毛泽东头像、国徽、"中国人民银行"行名、装饰团花、右上角面额数字、盲文面额标记及背面主景等均采用（　　）印刷，触摸有凹凸感。
   A. 雕刻凸版　　　B. 3D　　　　C. 平板　　　　D. 雕刻凹版
8. 新版人民币的冠字横号码都采用了（　　）。
   A. 双色横号码　　　　　　　　　B. 单色横号码
   C. 双色异形横号码　　　　　　　D. 单色异形横号码
9. 新版人民币所有纸币都取消的防伪特征是（　　）。
   A. 光变油墨面额数字　　　　　　B. 全息磁性开窗安全线
   C. 古钱币局部图案　　　　　　　D. 凹印手感线
10. 新版人民币 50 元、20 元、10 元纸币的胶印对印图案全部调整为（　　）。
    A. 相应的面额数字　　B. 古钱币　　C. ¥　　D. 其他图案

二、多项选择题

1. 迄今为止，50 元、20 元、10 元、1 元纸币和 1 元、5 角、1 角硬币已发行流通十

多年，现金流通情况发生的巨大变化有（　　），这些都对人民币的设计水平、防伪技术和印制质量提出了更高要求。

A. 现金自动处理设备快速发展

B. 假币伪造形式多样化

C. 货币防伪技术更新换代加快

D. 人民币走向国际化

2. 2019 年版第五套人民币共发行（　　）个券别，其中有（　　）种面额硬币。

A. 6　　　　　　B. 5　　　　　　C. 7　　　　　　D. 8

E. 2　　　　　　F. 3

3. 2019 年版第五套人民币 50 元、20 元、10 元、1 元纸币分别保持 2005 年版第五套人民币 50 元、20 元、10 元纸币和 1999 年版第五套人民币 1 元纸币规格（　　）等要素不变。

A. "中国人民银行"行名、国徽、盲文面额标记、汉语拼音行名

B. 主图案　　　　C. 主色调　　　　D. 民族文字

4. 2019 年版第五套人民币防伪特征设计的思路是（　　）。

A. 提高票面色彩鲜亮度　　　　　　B. 优化票面结构层次与效果

C. 提升整体防伪性能

5. 2019 年版第五套人民币改版后的新特征表现在（　　）。

A. 更强的防伪技术易识别　　　　　B. 更高的印刷质量耐流通

C. 更亮的票面色彩添美观

6. 新版（　　）元纸币正面中部面额数字调整为光彩光变面额数字。

A. 100 元　　　　B. 50 元　　　　C. 20 元　　　　D. 10 元

E. 1 元

7. 采用非动感光变镂空开窗安全线防伪技术的是新版（　　）纸币。

A. 50 元　　　　B. 20 元　　　　C. 10 元　　　　D. 1 元

8. 光变镂空开窗安全线具有（　　）等特征，易于公众识别，是一项常用的公众防伪特征。

A. 颜色变化　　　B. 镂空文字　　　C. 亮光带上下滚　　D. 正面开窗

9. 2019 年版纸币明显提升了水印清晰度和层次效果，水印包括（　　）。

A. 人像水印　　　B. 花卉水印　　　C. 白水印　　　　D. 建筑物水印

10. 新版人民币采用横竖双号码的纸币有（　　）。

A. 50 元　　　　B. 20 元　　　　C. 10 元　　　　D. 1 元

实训 5　识别人民币真假的具体方法

日期_____　　班级_____　　姓名_____　　成绩_____

一、填空（要求掌握鉴别真假币的四种方法）

识别人民币纸币真伪，通常采用"一____、二____、三____、四____"的方法：
"一_____"

1. 看水印（见图 1-3-3、图 1-3-4、图 1-3-5、图 1-3-6）。

图 1-3-3　____元和____元人像水印

图 1-3-4　____元荷花水印

图 1-3-5　____元月季花水印

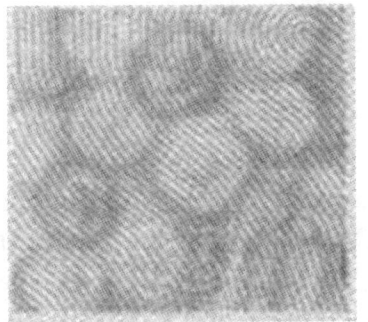

图 1-3-6　____元水仙花水印

第五套人民币各券别纸币的____位于各券别纸币票面正面左侧的空白处，迎光透视，可以看到立体感很强的水印。另外在位于正面双色横号码下方，迎光透视，可以看到透光性很强的面额数字水印，称这为_____。

2. 看安全线（见图 1-3-7、图 1-3-8）。

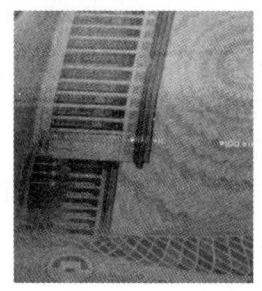
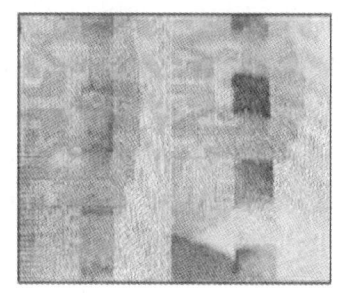

图 1-3-7 ____年版 100 元安全线　　　　图 1-3-8 ____年版 100 元安全线

2005 年版 100 元、50 元纸币的安全线在票面正面中间偏左，____面开窗。迎光透视，分别可以看到缩微文字"____""____"的微小文字，仪器检测均有磁性。2015 年版 100 元纸币的安全线在票面两边各有一条，右侧光变镂空开窗安全线为____面开窗，左侧安全线是磁性全埋安全线采用了特殊磁性材料和先进技术，____性能更好，仪器检测均有____。20 元、10 元、5 元纸币安全线为_____，即安全线局部埋入纸张中，局部裸露在纸面上，其开窗部分在正面，从上面分别可以看到由微缩字符"￥20""￥10""￥5"组成的____图案，仪器检测有磁性。

3. 看光变油墨（见图 1-3-9、图 1-3-10、图 1-3-11）。

图 1-3-9　100 元_____　　图 1-3-10　50 元_____　　图 1-3-11　100 元_____数字

2005 年版第五套人民币 100 元券和 50 元券正面左下方的面额数字采用光变油墨印刷。将垂直观察的票面倾斜到一定角度时，100 元券的面额数字会由____色变为____色；50 元券的面额数字则会由____色变为____色。2015 年版 100 元券在票面正面的中部有面额数字 100 的光彩光变数字，垂直观察数字是____色，平视观察则变为____色。随着观察角度的改变，数字颜色在____和____之间交替变化，还可以看到一条_____上下滚动。

4. 看票面图案、色彩、对接图案（见图 1-3-12、图 1-3-13、图 1-3-14）。

图 1-3-12　　　　　　　　　图 1-3-13　　　　　　　　　图 1-3-14

与真币相比，假币的票面图案颜色不正，有偏淡、发白等现象，图案缺乏层次、人像目光无神、模糊不清，图案对接不好。第五套人民币纸币的胶印对印图案应用于_____元、_____元、_____元、_____元券中。2005 年版券别的正面_____和背面_____都印有一个圆形局部图案，迎光透视，两幅图案准确对接，组合成一个完整的_____图案。2015 年版 100 元在票面正面左下方和背面右下方，两面都有数字"_____"的局部图案，在透光观察的情况下，正背面图案就可以组成一个完整的"_____"。

5. 用 5 倍以上放大镜观察票面图案线条、缩微文字（见图 1 – 3 – 15、图 1 – 3 – 16、图 1 – 3 – 17、图 1 – 3 – 18、图 1 – 3 – 19）。

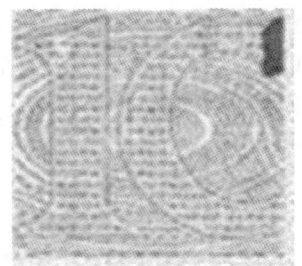  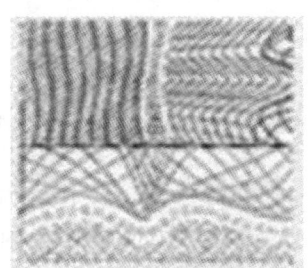

图 1 – 3 – 15　100 元微缩文字　　图 1 – 3 – 16　50 元微缩文字　　图 1 – 3 – 17　20 元微缩文字

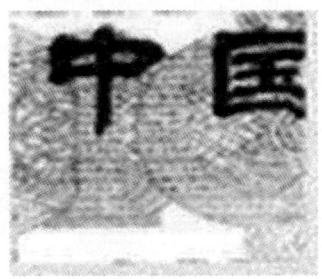 

图 1 – 3 – 18　10 元微缩文字　　　　　　图 1 – 3 – 19　5 元微缩文字

第五套人民币纸币各券别正面胶印图案中，多处均印有缩微文字，20 元纸币背面也有该防伪措施。100 元微缩文字为"_____"和"_____"；50 元为"_____"和"_____"；20 元为"_____"和"_____"；10 元为"_____"和"_____"；5 元为"_____"和"_____"字样。

"二_____"

1. 摸人像、盲文点、中国人民银行行名等处是否有_____。

2. 摸纸币是否薄厚_____，挺括度_____。

"三_____"

即通过抖动钞票使其发出声响，根据_____来分辨人民币真伪。人民币的纸张，具有挺括、耐折、不易撕裂的特点。手持钞票用力抖动、手指轻弹或两手一张一弛轻轻对称拉动，能听到_____的声音。

"四_____"

即借助一些简单的工具和专用的仪器来分辨人民币真伪。如借助_____可以观察票面线条清晰度、胶、凹印缩微文字等；用_____照射票面，可以观察钞票纸张和油墨的荧光反映；用_____可以检测黑色横号码的磁性。

二、假币鉴别（15分钟）

实训方案：以小组为单位，将收集到的假钞提供给各组学生鉴别。注意提示学生可以从一个或多个防伪特征上寻找突破口，发现伪造的痕迹。最后老师总结假钞的种类、主要伪造特征及快速识别技巧。

项目四
会计数字书写技能

实训 1　阿拉伯数字读写

日期_____　班级_____　姓名_____　成绩_____

一、数码字书写

1. 每天在数码字本上练习阿拉伯数字书写 12 遍（样例见图 1-4-1、表 1-4-1）。

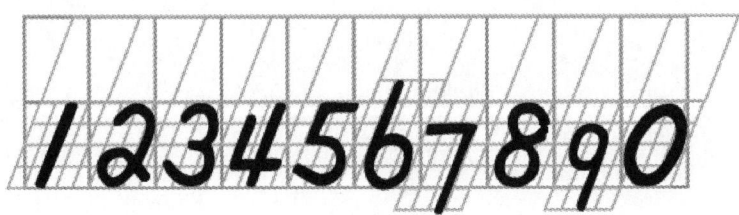

图 1-4-1　阿拉伯数字的标准书写

表 1-4-1　　　　　　　　　练习表

1									2									3									4								
千	百	十	万	千	百	十	元	角	分	千	百	十	万	千	百	十	元	角	分	千	百	十	万	千	百	十	元	角	分	千	百	十	万	千	百	十	元	角	分

续表

1									2									3									4								
千	百	十	万	千	百	十	元	角	分	千	百	十	万	千	百	十	元	角	分	千	百	十	万	千	百	十	元	角	分	千	百	十	万	千	百	十	元	角	分

2. 每天练习中文大写数字的书写6遍（样例见表1-4-2）。

表1-4-2　　　　　　　　　　　　练习表

零	壹	贰	叁	肆	伍	陆	柒	捌	玖	拾	佰	仟	万	亿	元	角	分	整

二、正确读出下列各数，并用中文大写数字表示出来

1. 25.12　　　　　大写：
2. 37.09　　　　　大写：
3. 522.17　　　　大写：
4. 8,605.40　　　大写：
5. 603,002　　　　大写：
6. 200,006.34　　大写：
7. 34,506,000　　大写：
8. 14,567,008　　大写：
9. 1,380,000　　　大写：
10. 195,000　　　大写：

三、根据下列小写金额写出大写金额数字

1. ￥10.50　　　　　　大写：
2. ￥125.36　　　　　 大写：
3. ￥1,206.00　　　　 大写：
4. ￥45,678.09　　　　大写：
5. ￥603,675.43　　　 大写：
6. ￥170,000.00　　　 大写：
7. ￥9,865,400.30　　 大写：
8. ￥12,345,678.91　　大写：
9. ￥1,903,570.03　　 大写：
10. ￥240,100.00　　　大写：

实训 2　小写金额数字读写

日期_____　　班级_____　　姓名_____　　成绩_____

一、读数训练活动

实训要求：将下列阿拉伯金额数字加注三位一节的分节号后，读出正确的汉字大写金额数字，请同学们在表 1-4-3 中自己试一试。

表 1-4-3　　　　　　　　　　　练习表

序号	小写金额数字	将小写金额加注分节号	应读成的汉字大写金额数字
1	¥167900.00		
2	¥4002100.05		
3	¥3905008.70		
4	¥480000.02		
5	¥2700810.00		
6	¥5710001.84		
7	¥873000080.00		
8	¥7684719.45		
9	¥816007.05		
10	¥70060403.18		

二、写数训练活动

实训要求：将下列汉字大写金额数字，写出正确规范的小写金额（阿拉伯数字），并加注三位一节的分节号，请同学们在表 1-4-4 中自己试一试。

表 1-4-4　　　　　　　　　　　练习表

序号	汉字大写金额数字	小写金额（阿拉伯数字）
1	人民币叁仟壹佰陆拾柒万伍仟捌佰玖拾贰元整	
2	人民币壹拾陆万零捌佰零伍元零柒分	
3	人民币贰仟壹佰柒拾肆万玖仟捌佰伍拾贰元整	
4	人民币壹亿柒仟伍佰零贰万叁仟捌佰玖拾伍元捌角整	
5	人民币陆万贰仟伍佰零伍元零肆分	
6	人民币柒仟元整	
7	人民币捌仟贰佰陆拾壹万玖仟伍佰肆拾元整	
8	人民币玖仟叁佰柒拾陆元零伍分	
9	人民币伍仟零贰万叁佰零伍元整	
10	人民币玖仟肆佰贰拾柒万玖仟捌佰零伍元叁角整	

实训3 汉字大写金额数字书写

日期_____ 班级_____ 姓名_____ 成绩_____

实训要求：将下列小写金额（阿拉伯数字）书写成规范的汉字大写金额数字（见表1-4-5）。

表1-4-5　　　　　　　　　　练习表

序号	小写金额数字	汉字大写金额数字的书写
1	¥107,006.50	
2	¥3,000.00	
3	¥18,600,000.00	
4	¥5,879,400.35	
5	¥84,600,350.80	
6	¥980,600.34	
7	¥1,300,007.05	
8	¥3,965,240.00	
9	¥8,127,409.63	
10	¥65,208,030.70	
11	¥7,209,006.35	
12	¥14,605,480.30	
13	¥82,000.50	
14	¥5,918,200.30	
15	¥9,843,500.67	
16	¥6,004,080.00	
17	¥4,008.05	
18	¥39,678.00	
19	¥180,000.00	
20	¥2,725,356,005.70	

实训 4　数字书写错误的订正

日期_____　班级_____　姓名_____　成绩_____

一、阿拉伯数字的错误订正

实训要求：使用正确的订正方法，更正下列数字，并填上规范的汉字大写数字，请自己在表 1－4－6 中试一试。

1. 正确数字应是：76,506.47
2. 正确数字应是：1,830,005.35
3. 正确数字应是：4,327,480.08
4. 正确数字应是：8,756,700.80
5. 正确数字应是：7,150,620.00

表 1－4－6　　　　　　　　　　　　　练习表

1.（大写）				7	6	5	0	4	6	7
2.（大写）			1	8	3	6	0	0	5	3	5
3.（大写）			4	3	2	7	8	4	0	0	8
4.（大写）			8	7	5	6	7	0	0	0	8
5.（大写）				7	1	5	0	6	2		

二、小写金额数字的错误订正

实训要求：在登记账表时，发生小写金额数字写错，按规范的订正方法更正，并加盖印章，请同学们在表 1－4－7 中自己试一试。

表 1－4－7　　　　　　　　　　　　　练习表

错误的更正方法								正确的订正方法							订正要求
十万	万	仟	佰	十	元	角	分	十万	万	仟	佰	十	元	角	分	
		2	0	3̷8	1	5	9									
	1	9	8̷4	5	3̷8	0	6									
	6	7̷6	5̷7	6̷5	2	5	8									
		¥̷7	7̷5	5̷8	8̷2	2										
¥	¥	5̷5	1̷1	6̷6	0̷0	8̷8	7̷7									

三、汉字大写金额数字常见书写错误分析

实训要求：请同学们自己试一试，对表 1-4-8 中汉字大写金额数字常见书写错误进行订正并指出错误原因。

表 1-4-8　　　　　　　　　　练习表

小写金额数字	汉字大写金额数字		
	错误写法	正确写法	错误原因
¥4,795,000.65	人民币肆佰柒拾玖万伍仟零元陆角伍分		
¥159,648.29	人民币拾伍万玖仟陆佰肆拾捌元贰角玖分		
¥200,009.05	人民币贰拾万元零玖元零伍分		
¥56,491.80	人民币伍万陆仟肆佰玖拾壹元捌角零分		
¥7,168.05	人民币：柒仟壹佰陆拾捌元零伍分		
¥62,900.05	人民币陆万贰仟玖佰元伍分		
¥18,056,000.00	人民币壹仟捌佰万零伍万陆仟元整		
¥79,005.18	人民币　柒万玖仟零伍元壹角捌分		
¥98,560.20	人民币玖万捌仟伍佰陆拾贰角整		
¥812,000.00	人民币捌拾壹万贰仟元		
¥471,009.08	人民币肆拾柒万壹仟另玖元另捌分		

实训 5　支票、发票的填写

日期_____　　班级_____　　姓名_____　　成绩_____

一、练习在支票上填写出票日期

实训要求：按会计基础规范填写表 1-4-9 中支票的签发大写日期，年份为 2019 年。

表 1-4-9　　　　　　　　　　练习表

序号	日期	出票汉字大写日期			
1	1 月 15 日	出票日期	年	月	日
2	2 月 9 日	出票日期	年	月	日
3	3 月 10 日	出票日期	年	月	日
4	4 月 20 日	出票日期	年	月	日
5	5 月 30 日	出票日期	年	月	日
6	6 月 17 日	出票日期	年	月	日
7	7 月 11 日	出票日期	年	月	日
8	8 月 16 日	出票日期	年	月	日
9	9 月 24 日	出票日期	年	月	日
10	10 月 31 日	出票日期	年	月	日
11	11 月 25 日	出票日期	年	月	日
12	12 月 5 日	出票日期	年	月	日

二、开具发票练习

A 市七星酒店有限责任公司于 2019 年 1 月 16 日购买型号为 XHD009 的电视机 5 台，单价 5,800 元，制单人为李晓，收款人为张海，请你为该公司开具一张购货发票（见表 1-4-10）。

表 1-4-10　　　　　　　　×××发票

购货单位：　　　　日期　年　月　日　　　　　　　　　　　　NO：08567

品名	型号	单位	数量	单价	金额							
					百	十	万	千	百	十	元	角	分
人民币（大写）		佰　拾　万　仟　佰　拾　元　角　分										

制单：　　　　　收款：　　　　　　　　　　　　　发货：

三、填写支票练习

2019年10月10日W市力可股份有限公司开出转账支票支付W市百货公司购买的办公用品款项1500元，请在图1-4-2中代为填写。资料：付款行名称为中国建设银行光明支行，出票人账号为1001002，行号为502488887901。

中国建设银行 转账支票存根 50322333 38914313	中国建设银行转账支票　　50322333 　　　　　　　　　　　　　　　　38914313
附加信息 _____ _____ _____ 出票日期：　年　月　日 收款人： 金额： 用途： 单位主管　　会计	出票日期（大写）　年　月　日　付款行名称： 收款人：　　　　　　　　　　　　出票人账号： 人民币　　　　　　　亿千百十万千百十元角分 （大写） 用途：_____　　　　　　密码_____ 上列款项请从　　　　　　　　　行号_____ 我账户内支付 出票人签章 　　　　　　　　　　　　　复核　　记账

（支票背面）

附加信息	被背书人	被背书人	（贴粘单处）	根据《中华人民共和国票据法》等法律法规的规定，签发空头支票由中国人民银行处以票面金额5%但不低于1000元的罚款。
	背书人签章 年　月　日	背书人签章 年　月　日		

图1-4-2　支票填写练习

第二部分　综合练习

제2편 주택금융

实训 1　天天练习一　单指单张捻弹式点钞法起放把

日期_____　班级_____　姓名_____　成绩_____

一、实训目的

按规范练习单指单张捻弹式点钞法单手起放把连贯动作。

二、实训要求

1. 左右手配合快速起把、持把并放把。
2. 待点的钞票放在左手边、已经处理的练功券放在右手边。
3. 练功券摆放整齐。

三、实训时间

计时练习每次 5 分钟，不断重复直到熟练掌握。

四、实训过程

1. 集体按教师发出的口令练习。
要求按照教师发出的起把、放把的口令及节奏进行连贯性练习。
2. 集体计时循环练习。
教师计时五分钟，全体学生集中训练，练功券不够可循环练习现有的练功券，教师巡视课堂督导，纠正不良习惯。
3. 个人自由练习。
由学生自由强化练习，教师答疑指导。

五、实训考核

1. 考核内容。
定量不定时：十把练功券的起放把连贯练习。
2. 考核标准。
（1）质量标准：动作熟练、操作规范。
（2）速度标准：在 40 秒内完成为合格；在 30 秒内完成为良好；优秀的在 20 秒内完成。

实训 2　天天练习二　单指单张捻弹式点钞法连贯动作

日期_____　　班级_____　　姓名_____　　成绩_____

一、实训目的

训练单指单张捻弹式点钞法各环节间的衔接，动作自然流畅、迅速。

二、实训要求

1. 坐姿端正、指法规范。
2. 起把时要快，左手迅速将待点钞票翻到胸前。
3. 拆把时一次拆开，动作要干净利索。
4. 清点过程中点和计数要配合好，清点准确每一把钞券。
5. 捆扎前要将钞券墩齐。
6. 扎把时要一次把扎钞条拿起，并左右手配合迅速，进行捆扎。
7. 盖章的动作要快，印章要清晰。

三、实训时间

每次 5 分钟，不断重复直到熟练掌握。

四、实训过程

1. 分项练习（全班集中训练）。

要求：将起把、拆把、持钞、清点、计数、扎把和盖章等环节分解开来进行单独的训练，直至将每一个动作熟练掌握。

2. 综合练习（全班集中训练）。

要求：采用手持单指单张捻弹式点钞法，将各操作步骤连续起来进行整个过程的练习。

（1）整把清点，限时不限量。在 5 分钟内循环进行拆把、点数、扎把、盖章等连续的操作步骤，并记录成绩。

（2）整把整点，定量计时。定量 10 把（10000 张）钞券，点完为止，并记录所用的时间。

3. 设错训练（计时 5 分钟，分小组训练）。

小组内成员交换在钞券中设错，并采用限时不限量的训练形式进行设错后钞券的清点，清点完后交换检查并记录成绩。

4. 结合岗位实训（时间 20 分钟，分小组训练）。

教程与要求：以小组为单位，每个小组由顾客与柜员组成，模拟银行现金收存、付款业务流程，每个学生要实训顾客与柜员两个角色，注意在拆捆、拆条、拆卷时保存原封签、封条、封纸，核对无误后才可扔掉。

五、实训考核

1. 考核内容。

整把清点：单指单张捻弹式点钞法。

2. 考核标准。

（1）考核方式：定时不定量，计时 5 分钟。

（2）考核标准：按照实训要求清点，点对 2 把为合格；点对 3 把为良好；点对 4 把及 4 把以上为优秀。

实训3　天天练习三　手持式四指四张点钞法起放把

日期＿＿＿＿＿　班级＿＿＿＿＿　姓名＿＿＿＿＿　成绩＿＿＿＿＿

一、实训目的

按规范练习手持式四指四张点钞法起放把连贯动作。

二、实训要求

1. 左右手配合快速起把、持把并放把。
2. 待点的钞放在左手边、已经处理的练功券放在右手边。
3. 练功券摆放整齐。

三、实训时间

每次 5 分钟，不断重复直到熟练掌握。

四、实训过程

1. 集体按教师发出的口令练习。
要求按照教师发出的起把、放把的口令及节奏进行连贯性练习。
2. 集体计时循环练习。
教师计时五分钟，全体学生集中训练，练功券不够可循环练习现有的练功券，教师巡视课堂督导，纠正不良习惯。
3. 个人自由练习。
由学生自由强化练习，教师答疑指导。

五、实训考核

1. 考核内容。
定量不定时：十把练功券的起放把连贯练习。
2. 考核标准。
（1）质量标准：动作熟练、操作规范。
（2）速度标准：在 45 秒内完成为合格；在 35 秒内完成为良好；优秀的在 25 秒内完成。

实训 4　天天练习四　手持式四指四张点钞法连贯动作

日期_____　　班级_____　　姓名_____　　成绩_____

一、实训目的

训练手持式四指四张点钞法各环节间的衔接，动作自然流畅、迅速。

二、实训要求

1. 坐姿端正、指法规范。
2. 起把时要快，左手迅速将待点钞票翻到胸前。
3. 拆把时一次拆开，动作要干净利索。
4. 清点过程中点和计数要配合好，清点准确每一把钞券。
5. 捆扎前要将钞券墩齐。
6. 扎把时要一次把扎钞条拿起，并左右手配合迅速，进行捆扎。
7. 盖章的动作要快，印章要清晰。

三、实训时间

每次 5 分钟，不断重复直到熟练掌握。

四、实训过程

1. 分项练习（全班集中训练）。

要求：将起把、拆把、持钞、清点、计数、扎把和盖章等环节分解开来进行单独训练，直至将每一个动作熟练掌握。

2. 综合练习（全班集中训练）。

要求：采用手持单指单张捻弹式点钞法，将各操作步骤连续起来进行整个过程的练习。

（1）整把清点，限时不限量。在 5 分钟内循环进行拆把、点数、扎把、盖章等连续的操作步骤，并记录成绩。

（2）整把整点，定量计时。定量 10 把（10000 张）钞券，点完为止，并记录所用的时间。

3. 设错训练（计时 5 分钟，分小组训练）。

小组内成员交换在钞券中设错，并采用限时不限量的训练形式进行设错后钞券的清点，清点完后交换检查并记录成绩。

4. 结合岗位实训（时间 20 分钟，分小组训练）。

教程与要求：以小组为单位，每个小组由顾客与柜员组成，模拟银行现金收存、付款业务流程，每个学生要实训顾客与柜员两个角色，注意在拆捆、拆条、拆卷时保存原封签、封条、封纸，核对无误后才可扔掉。

五、实训考核

1. 考核内容。

整把清点：手持式四指四张点钞法。

2. 考核标准。

（1）考核方式：定时不定量，计时 5 分钟。

（2）考核标准：按照实训要求清点，点对 3 把为合格；点对 4 把为良好；点对 5 把及 5 把以上为优秀。

实训 5　天天练习五　单指单张削式点钞法连贯动作

日期_____　　班级_____　　姓名_____　　成绩_____

一、实训目的

训练单指单张削式点钞法各环节间的衔接，动作自然流畅、迅速。

二、实训要求

1. 坐姿端正、指法规范。
2. 起把时要快，左手迅速将待点钞票翻到胸前。
3. 拆把时一次拆开，动作要干净利索。
4. 清点过程中点和计数要配合好，清点准确每一把钞券。
5. 捆扎前要将钞券墩齐。
6. 扎把时要一次把扎钞条拿起，并左右手配合迅速，进行捆扎。
7. 盖章的动作要快，印章要清晰。

三、实训时间

每次 5 分钟，不断重复直到熟练掌握。

四、实训过程

1. 分项练习（全班集中训练）。

要求：将起把、拆把、持钞、清点、计数、扎把和盖章等环节分解开来进行单独地训练，直至将每一个动作熟练掌握。

2. 综合练习（全班集中训练）。

要求：采用单指单张削式点钞法，将各操作步骤连续起来进行整个过程的练习。

（1）整把清点，限时不限量。在 5 分钟内循环进行拆把、点数、扎把、盖章等连续的操作步骤，并记录成绩。

（2）整把整点，定量计时。定量 10 把（10000 张）钞券，点完为止，并记录所用的时间。

3. 设错训练（计时 5 分钟，分小组训练）。

小组内成员交换在钞券中设错，并采用限时不限量的训练形式进行设错后钞券的清点，清点完后交换检查并记录成绩。

4. 结合岗位实训（时间 20 分钟，分小组训练）。

教程与要求：以小组为单位，每个小组由顾客与柜员组成，模拟银行现金收存、付款业务流程，每个学生要实训顾客与柜员两个角色，注意在拆捆、拆条、拆卷时保存原封签、封条、封纸，核对无误后才可扔掉。

五、实训考核

1. 考核内容。

整把清点：单指单张削式点钞法。

2. 考核标准。

（1）考核方式：定时不定量，计时 5 分钟。

（2）考核标准：按照实训要求清点，点对 3 把为合格；点对 4 把为良好；点对 5 把及 5 把以上为优秀。

实训6　天天练习六　数字录入盲打综合测试

日期_____　　班级_____　　姓名_____　　成绩_____

一、实训目的

不看键盘也能准确击键，直到熟练操作达到 80 分以上。

二、实训要求

1. 遵循"先准后快，准中求快，快中见准"的原则。
2. 在录入训练过程中始终坚持盲打，逐步达到不看键盘也能熟练准确无误击键。

三、实训时间

先练习 5 分钟，逐步练习 10 分钟、15 分钟、20 分钟等，每天坚持练习 30 分钟。

四、实训过程

利用爱丁派学习机、电脑等工具安装技能训练软件进行综合训练。

1. 整体综合练习操作流程：开机──→技能宝典──→指法练习──→综合练习──→时间设置（默认 5 分钟，可选择设置成 10、15、20、25、30 分钟）──→字符范围（默认为练习 0—9，可选择增加其他字符）──→开始录入──→设定时间到练习自动结束──→系统显示成绩──→查看详情（对错显示用时、输入内容、正确输入、错误输入法、多余输入等信息）──→发送成绩（教师机接收）。

备注事项：设置练习时间未结束时中途想退出练习可直接按 ESC 键退出。

2. 分组综合练习操作流程：开机──→技能宝典──→指法练习──→综合练习──→分组──→每组题数设置（默认 5 题，可选择设置成其他题数）──→时间设置（默认 1 分钟，可选择设置成其他时间）──→字符范围（默认为练习 0—9，可选择增加其他字符）──→开始测试──→设定时间到练习自动结束──→系统显示成绩──→查看详情（对错显示用时、输入内容、正确输入、错误输入法、多余输入等信息）──→发送成绩（教师机接收）。

3. 条形码综合练习操作流程：开机──→技能宝典──→指法练习──→综合练习──→条形码──→每组题数设置（默认 5 题，可选择设置成其他题数）──→时间设置（默认 5 分钟，可选择设置成其他时间）──→开始测试──→设定时间到练习自动结束──→系统显示成绩──→查看详情（对错显示用时、输入内容、正确输入、错误输入法、多余输入等信息）──→发送成绩（教师机接收）。

五、考核标准

全数字练习十分钟，80 分以上为合格，80 分至 100 分为良好，100 分以上为优秀。

实训 7　天天练习七　单指单张点钞模拟通级

日期_____　班级_____　姓名_____　成绩_____

一、实训目的

熟悉单指单张点钞法通级的流程，达到各学期考核的要求。

二、实训要求

1. 遵守考场纪律，服从监考老师安排。
2. 坐姿端正、指法规范。
3. 每点完一把需要扎把条，把条扎成双圈，第二圈覆盖第一圈。
4. 如有错把可以在自己扎的把条上写"+n"或"-n"张（n≤4），不能在练功券上涂写作标记。
5. 盖章的动作要快，印章要清晰。
6. 按要求正确填写成绩单。

三、实训时间

每次 5 分钟，不断重复直到熟练掌握。

四、实训过程

1. 整理点钞券。
上课前整理好点钞券。每本券上写好名字、编号，按序号排列好。
2. 分组考核。
（1）考核顺序：一组、二组、三组、四组。
（2）要求：本组考核时，其他组同学认真训练，保持教室安静。每个项目考核 5 分钟，先考核单指，后多指，为了养成"一遍点准"的习惯，要求每点完一把就扎一把。填写成绩单（见表 2 - 1）时，请按表格要求认真填写，特别注意只填错把情况，并且各项错把编号与错张数上下对应填写。
3. 交钞设置错把。
（1）考核组上交整理好的点钞券。
（2）老师设错把，并记录所设错把。
4. 计时 5 分钟考核。
（1）老师返还已设好错的点钞券，学生核对并按序号放好，准备好把条、甘油、笔等工具。

（2）发令：预备（单指或多指第一把起把在手），开始……

（3）当时间到 4 分 50 秒时，老师口令："最后 10 秒，9、8、7、6、5、4、3、2、1、停"。

5．填写成绩单。

（1）同学填写班级、姓名、考级日期，并在考核项前打"√"。

（2）填写所点项目的共点把数。

（3）填写错把编号及对应的错张数。

6．收成绩单。

可以指定组长收所属组的成绩单，并核对实所点把数与扎把完成质量等。

7．批改成绩单、记录成绩、宣布成绩。

由老师或组长批改成绩单，由老师宣布考级结果，老师登记成绩。

8．返还所抽零张。

（1）发放成绩单。

（2）返还所抽的零张。

表 2－1　　　　　　　　点钞通级成绩记录单

考核时间：　　评定级别：　　单指点对　　把；多指点对　　把　　阅卷老师：

班级：	姓名：	学号：	座号：	时间：各 5 分钟
单指单张共点把数： （　　）把	错把编号：（　　）｜（　　）｜（　　）｜（　　）｜（　　）			
	错张数：（　　）｜（　　）｜（　　）｜（　　）｜（　　）			
多指多张共点把数： （　　）把	错把编号：（　　）｜（　　）｜（　　）｜（　　）｜（　　）			
	错　张　数：（　　）｜（　　）｜（　　）｜（　　）｜（　　）			

实训 8　天天练习八　多指多张点钞模拟通级

日期＿＿＿＿＿＿　班级＿＿＿＿＿＿　姓名＿＿＿＿＿＿　成绩＿＿＿＿＿＿

一、实训目的

熟悉多指多张点钞法通级的流程，达到各学期考核的要求。

二、实训要求

1. 遵守考场纪律，服从监考老师安排。
2. 坐姿端正、指法规范。
3. 每点完一把需要扎把条，把条扎成双圈，第二圈覆盖第一圈。
4. 如有错把可以在自己扎的把条上写"＋n"或"－n"张（n≤4），不能在练功券上涂写作标记。
5. 盖章的动作要快，印章要清晰。
6. 按要求正确填写成绩单。

三、实训时间

每次 5 分钟，不断重复直到熟练掌握。

四、实训过程

1. 整理点钞券。

上课前整理好点钞券。每本券上写好名字、编号，按序号排列好。

2. 分组考核。

（1）考核顺序：一组、二组、三组、四组。

（2）要求：本组考核时，其他组同学认真训练，保持教室安静。每个项目考核 5 分钟，先考核单指，后多指，为了养成"一遍点准"的习惯，要求每点完一把就扎一把。填写成绩单（见表 2-2）时，请按表格要求认真填写。特别注意只填错把情况，并且各项错把编号与错张数上下对应填写。

3. 交钞设置错把。

（1）考核组上交整理好的点钞券。

（2）老师设错把，并记录所设错把。

4. 计时 5 分钟考核。

（1）老师返还已设好错的点钞券，学生核对并按序号放好，准备好把条、甘油、笔等工具。

(2) 发令：预备（单指或多指第一把起把在手），开始……

(3) 当时间到 4 分 50 秒时，老师口令："最后 10 秒，9、8、7、6、5、4、3、2、1、停"。

5. 填写成绩单。

(1) 同学填写班级、姓名、考级日期，并在考核项前打"√"。

(2) 填写所点项目的共点把数。

(3) 填写错把编号及对应的错张数。

6. 收成绩单。

可以指定组长收所属组的成绩单，并核对实所点把数与扎把完成质量等。

7. 批改成绩单、记录成绩、宣布成绩。

由老师或组长批改成绩单，由老师宣布考级结果，老师登记成绩。

8. 返还所抽零张。

(1) 发放成绩单。

(2) 返还所抽的零张。

表 2-2　　　　　　　　　点钞通级成绩记录单

考核时间：　　评定级别：　　单指点对　　把；多指点对　　把　　阅卷老师：

班级：		姓名：		学号：		座号：		时间：各 5 分钟
	单指单张共点把数： （　）把			错把编号：（　）|（　）|（　）|（　）|（　）				
				错 张 数：（　）|（　）|（　）|（　）|（　）				
	多指多张共点把数： （　）把			错把编号：（　）|（　）|（　）|（　）|（　）				
				错 张 数：（　）|（　）|（　）|（　）|（　）				

实训 9　天天练习九　传票算模拟通级

日期_____　　班级_____　　姓名_____　　成绩_____

一、实训目的

熟悉传票算通级的流程，达到各学期考核的要求。

二、实训要求

1. 遵守考场纪律，服从监考老师安排。
2. 坐姿端正、指法规范。
3. 若采取纸质考核则要求书写清楚，注意小数点后的角分位用 0 占位，凡数字模棱两可者作错题论处。
4. 各项目按顺序计算，不跳题。
5. 注意标记分节号与小数点，凡漏写分节号者每题扣 1 分，漏写小数点者此题作错题处理。

三、实训内容

传票算若干组，每组十题，每题 10 页或 20 页。

四、实训时间

每次考核 10 分钟。

五、实训过程

1. 检查计算工具，作好准备工作。
课前通知学生带计算器、传票、夹子、笔等工具，作好准备工作。
2. 纸质试题考核流程。
（1）发放试卷：同学拿到试卷后填写班级、姓名等信息。
（2）发令：预备（工具摆放好，手握笔），开始……
9 分 50 秒时提示学生："最后 10 秒，9、8、7、6、5、4、3、2、1、停"。
（3）批阅试卷：当堂无法完成时，课后再批阅。
（4）公布成绩：宣布本组考级结果，老师登记成绩。
3. 无纸化考核（本书以爱丁派学习机系统为例）流程。

使用爱丁派学习机传票通级操作程序如下。

(1) 连接网络（WIFI 或手机热点均可，耗费流量较小）。

操作提示：开机后桌面右上端下滑后，见图 2-1 所示：连接上网络。

图 2-1

(2) 进入传票翻打程序。

操作提示：触击图 2-2 中"传票翻打"程序即可。如进入传票翻打程序后提示版本可以升级，直接按提示升级至 V1.1.6。

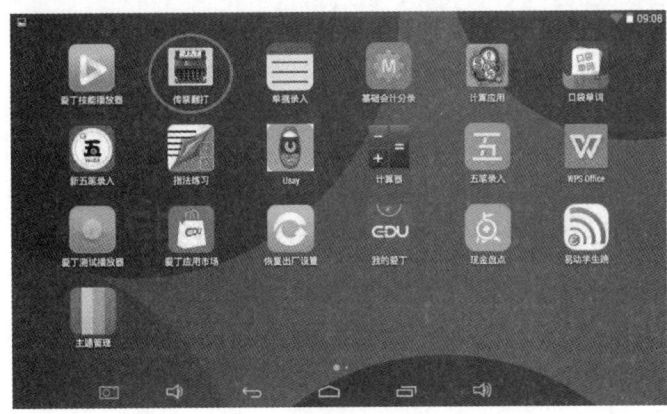

图 2-2

(3) IP 设置。

点击图 2-3 中的 IP 菜单进行 IP 和端口设置，在图 2-4 中输入网址：jnxl. edudigital. cn。

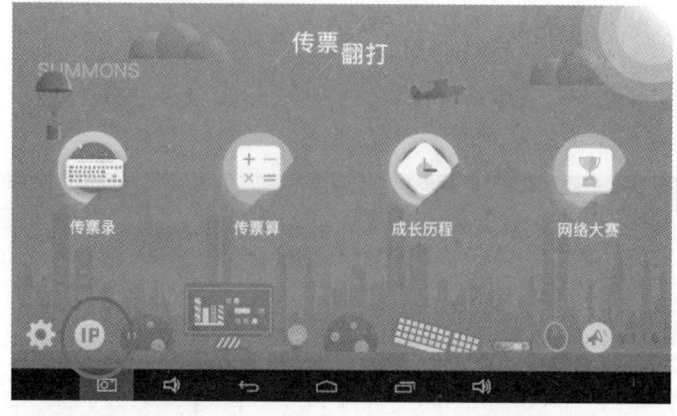

图 2-3

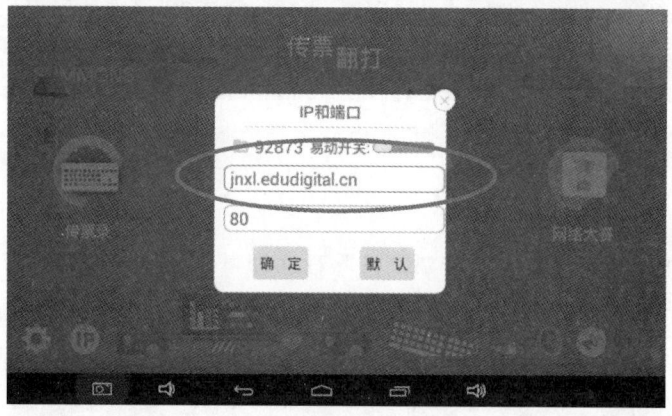

图 2-4

(4) 点击进入"网络大赛"。

在图 2-5 左侧比赛列表中可以上下翻动找到不同比赛任务,只要结束时间没有到的均可进入练习,请同学们在正式传票通级前进入"18级传票通级测试"比赛任务进行练习(最多20次)。

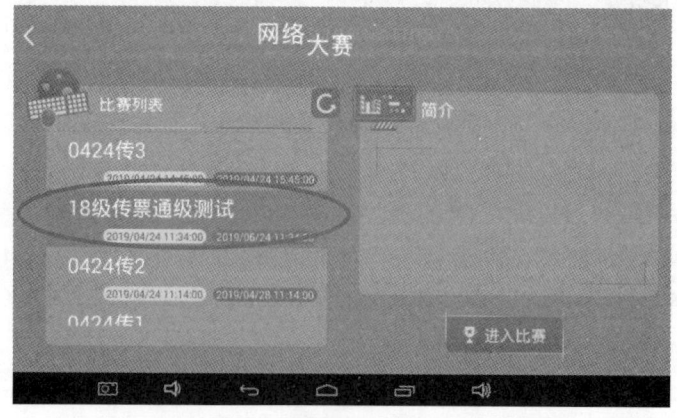

图 2-5

点击"进入比赛"按扭后,如图 2-6,按页面右侧内容找到传票码本的面数、页数、行次,夹好传票本做好测试准备。

图 2-6

点击"开始挑战"按钮,进入 10 分钟倒计时测试环节(图 2-7)。

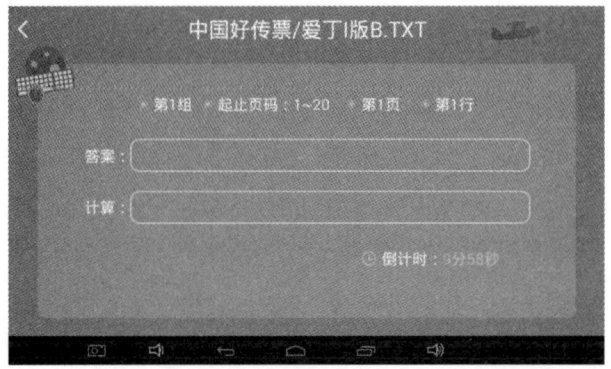

图 2-7

(5)上传成绩。

如图 2-8 所示,点击"上传成绩"按钮即可将成绩上传至服务器终端。如多次上传,服务器将记录最高分。

图 2-8

六、考核标准

传票算每对一题 20 分,总得分 100 分至 120 分为合格,120 分至 140 分为良好,140 分及以上为优秀。

附：纸质传票算试题

传票算试题（1）

日期_____ 班级_____ 姓名_____ 成绩_____

题序	起止页码	每页行次	结果
1	68—87	（四）	
2	73—92	（三）	
3	33—52	（五）	
4	45—64	（二）	
5	28—47	（一）	
6	12—31	（三）	
7	74—93	（五）	
8	81—100	（二）	
9	65—84	（一）	
10	42—61	（四）	
11	74—93	（一）	
12	33—52	（四）	
13	20—39	（三）	
14	22—41	（二）	
15	73—92	（五）	
16	64—83	（四）	
17	13—32	（五）	
18	77—96	（三）	
19	64—83	（二）	
20	7—26	（一）	

传票算试题（2）

日期_____　班级_____　姓名_____　成绩_____

题序	起止页码	每页行次	结果
1	18—37	（四）	
2	23—42	（三）	
3	36—55	（五）	
4	41—60	（二）	
5	58—77	（一）	
6	17—36	（三）	
7	64—83	（五）	
8	80—99	（二）	
9	45—64	（一）	
10	22—41	（四）	
11	79—98	（一）	
12	53—72	（四）	
13	10—29	（三）	
14	32—51	（二）	
15	78—97	（五）	
16	61—80	（四）	
17	13—32	（五）	
18	47—66	（三）	
19	24—43	（二）	
20	6—25	（一）	

实训 10　天天练习十　在银行柜面业务中如何准确、快速地识别人民币真伪

日期_____　　班级_____　　姓名_____　　成绩_____

在日常生活中识别人民币真假的最基本的方法就是"一看，二摸，三听，四测"。在银行柜面业务中准确、快速的识别人民币真伪还要注意以下要点：

1. 柜员或收银员接过顾客的钞票后，要认真进行清点。清点时要一边点数，一边注意察看票面。当发现有可疑钞票时，应把可疑钞票抽出来，仔细检验其真伪，这个过程可总结为_____。

2. 点钞过程中，看的同时还要注意自己的手感。通常真人民币手感较好、挺括；假币则手感较差、绵软。当发现手感较差的钞票时，也应当将其抽出来，仔细检验它的真伪，这个过程可总结为_____。

3. 清点现金时不要放过任何一个疑点，发现可疑钞票应立即将其抽出，认真进行鉴别。不能抱有侥幸心理，稍微的放松、大意就有可能放过假币，就会给公司和个人带来经济损失，这个过程可总结为_____。

实训11　天天练习十一　支票、发票的填写

日期_____　班级_____　姓名_____　成绩_____

一、填写支票

2019年11月10日W市拓帮股份有限公司开出转账支票支付W市中心百货公司购买的办公用品款项2,000元，请在图2-9中代为填写。资料：付款行名称为中国建设银行光明支行，出票人账号为1871002，行号为5023786491。

中国建设银行 转账支票存根 50322334 38914314		中国建设银行转账支票	50322334 38914314
附加信息_____ _____ 出票日期：　年　月　日 收款人： 金额： 用途： 单位主管　　会计	付款期限自出票之日起十天	出票日期（大写）　　年　月　日 收款人： 人民币 （大写） 用途：_____ 上列款项请从 我账户内支付 出票人签章	付款行名称： 出票人账号： 亿 千 百 十 万 千 百 十 元 角 分 密码_____ 行号_____ 复核　　记账

（支票背面）

附加信息	被背书人	被背书人	（贴粘单处）	根据《中华人民共和国票据法》等法律法规的规定，签发空头支票由中国人民银行处以票面金额5%但不低于1000元的罚款。
	背书人签章 年　月　日	背书人签章 年　月　日		

图2-9

二、开具购物发票

七星连锁酒店有限责任公司于 2019 年 1 月 16 日购买型号为 CHDS001 的电视机 10 台,单价 5,800 元,制单人为李晨,收款人为张星,请你为该公司开具一张购货发票(见表 2-3)。

表 2-3　　　　　　　　　　×××发票

购货单位:　　　　日期　年　月　日　　　NO:08567

品名	型号	单位	数量	单价	金额							
					百	十	万	千	百	十	元	角	分
电视机	CHDS001	台	10	5800			¥	5	8	0	0	0	0
人民币(大写)	伍万捌仟元整						¥	5	8	0	0	0	0

制单:李晨　　收款:张星　　　　　　发货:

第三部分 模拟考核

第三部分　精神分析法

模拟考核1　会计数字书写技能单元测验模拟试题

班级：　　　　姓名：　　　　成绩：

一、正确读出下列各数，并用大写数字表示出来（每小题 1 分，共 8 分）

1. 25.12　　　　　　　大写：
2. 37.09　　　　　　　大写：
3. 522.17　　　　　　　大写：
4. 8,605.40　　　　　　大写：
5. 603,002　　　　　　大写：
6. 200,006.34　　　　　大写：
7. 34,506,000　　　　　大写：
8. 14,567,008　　　　　大写：

二、根据下列小写金额写出大写金额数字（每小题 1.5 分，共 12 分）

1. ￥10.50　　　　　　大写：
2. ￥125.36　　　　　　大写：
3. ￥1,206.00　　　　　大写：
4. ￥45,678.09　　　　　大写：
5. ￥603,675.43　　　　大写：
6. ￥170,000.00　　　　大写：
7. ￥9,865,400.30　　　大写：
8. ￥12,345,678.91　　　大写：

三、根据下列大写金额写出小写金额数字（每小题 1.5 分，共 12 分）

1. 人民币壹角肆分
小写：
2. 人民币壹拾贰元叁角捌分
小写：
3. 人民币壹佰壹拾壹元零壹分
小写：
4. 人民币贰仟零肆元整
小写：
5. 人民币壹拾万叁仟元伍角整
小写：
6. 人民币叁仟柒佰零玖万陆仟伍佰壹拾捌元零陆分

小写：

7. 人民币肆拾万元整

小写：

8. 人民币伍拾万零陆元柒角玖分

小写：

四、填空题（每小题 3 分，共 30 分）

1. 阿拉伯数字是由（　）、（　）、（　）、（　）、（　）、（　）、（　）、（　）、（　）、（　）构成的。
2. 人民币的符号用（　）表示。
3. 数字的书写按现在国际惯例，采用（　）位分节制。
4. 数字的写法是自（　）而（　），由高位到低位，先左后右一个一个认真书写，不要连写，以免分辨不清。
5. 中文大写数字的书写要数字（　）、字迹（　）、不错漏、不潦草，以防止涂改。
6. 写出相应的数字的中文大写：1（　）、2（　）、3（　）、4（　）、5（　）、6（　）、7（　）、8（　）、9（　）、0（　）。
7. 人民币肆仟捌佰叁拾柒元整写成阿拉伯数字应该是（　）。
8. ￥560,708.02 写成中文大写为人民币（　）。
9. 2018 年 10 月 19 日写成大写日期是（　）。
10. 2000 年 11 月 20 日写成大写日期是（　）。

五、判断题（下列表达对则打√，错则打×，每小题 1 分，共 10 分）

1. 为了方便人们记忆，阿拉伯数字应该代替中文大写数字。（　）
2. 在书写人民符号"￥"时，在"￥"与数字之间留有空位，以便写冒号。（　）
3. 一般账表凭证的金额栏印有方位格，从角分开始，每三位印一粗线代表分节号。（　）
4. ￥78,692.35 元。（　）
5. 人民币叁拾贰万肆仟零伍元应写成￥324,005.00 元。（　）
6. 将人民币壹佰万零陆元伍角写成小写 1,000,006.5 元。（　）
7. 人民币：360.90 元。（　）
8. 将 6,543 订正为 6,345 的方法是将 6　5　4　3 然后再写成 6,345。（　）
9. 人民币陆拾三元伍角。（　）
10. ￥800,600.05。（　）

六、票据的填写（共 20 分）

武汉市高新发展股份有限公司总务科王红于 2019 年 12 月 20 日在江山超市购买一批迎新年晚会用品，价值 1,500 元整。结账时用转账支票付款，开户银行为光大银行江山分行，账号为 20010248739000。请根据以上条件帮助收银员正确填写如下支票。

转账支票正面

中国光大银行 转账支票存根 XVI00000000	Bank 中国光大银行 转账支票（ ） XVI00000000
附加信息 _____ _____ _____ 出票日期 年 月 日 收款人： 金　额： 用　途： 单位主管　　会计	出票日期(大写)　　年　月　日　付款行名称： 收款人：　　　　　　　　　　　出票人账号： 本支票付款限十天　人民币（大写）　　　　　　亿千百十万千百十元角分 用途 _____ 上列款项请从 我账户内支付 出票人签章　　　　　复核　　　　　记账

上述晚会用品明细是：瓜子 50 斤，单价 15 元；水果糖 50 斤，单价 12 元；桔子 75 斤，单价 2 元。请帮助超市收银员开具发票。

武汉市服务业发票

发票联

发票代码：24201067171
发票号码：01192501

付款单位（个人）　　　　　　　　　开票日期　年　月　日

经营项目	单位	数量	单价	金额								
				十	万	千	百	十	元	角	分

金额大写（人民币合计）：　拾　万　仟　佰　拾　元　角　分

第二联 发票联

收款单位（盖发票专用章有效）　　　　开票人：

七、根据所给的正确结果订正相应的错误数字（每小题 1 分，共 8 分）

正确结果	错误数字并订正	正确结果	错误数字并订正
5,026.43	5,026.34	1,000.41	1,000.14
7,652.95	7,625.93	168,469	168,466
815,361	815,163	3,265.43	2,365.43
8,006,470	800,647	4,508.31	4,506.41

模拟考核 2 数字录入技能单元测验试题

对题	评分	复核

普通三级

班级	姓名

一、加减算（本级定级级标准：对八题为合格）

（一）	（二）	（三）	（四）	（五）
25,803	7,148	863	607,145	58,147
476	560,793	4,305	-36,572	260,874
4,519	625	170,592	8,209	-3,609
367,092	24,807	795,034	483	16,395
54,817	1,362	21,648	145,096	-482
384	98,534	8,267	-72,814	9,753
730,265	426	34,902	9,537	732,051
9,321	803,149	5,231	26,145	692
82,956	32,081	601,579	639	84,206
380	650,917	97,106	403,782	8,914
904,132	7,382	834	81,293	-501,734
5,378	49,175	231,758	-5,801	-96,371
617,852	806	64,093	706	325,018
96,704	36,981	925	950,237	607
29,140	971,054	81,746	-48,619	-49,582

（六）	（七）	（八）	（九）	（十）
97.41	302.64	7.16	9,126.05	685.24
6,204.38	89.57	5,280.63	8.74	7,130.49
529.07	5,143.06	19.75	-360.87	3.76
2.59	930.42	4.27	2,194.76	-28.35
130.87	4.85	816.07	-53.52	-5,706.81
8,618.02	68.71	9,108.52	9.38	495.02
43.75	1,503.28	63.81	625.14	-89.16
6.13	796.13	250.74	-70.29	2.73
705.64	2.79	6,981.07	458.70	190.47
2,491.58	49.05	5.63	-19.62	6,238.04
7.39	8,021.67	341.92	-5,804.16	9.58
521.03	186.58	89.24	8,362.01	-570.19
4,209.81	670.92	1,506.78	4.38	-62.34
86.17	5.34	475.16	720.93	2,159.06
952.34	3,497.26	890.32	157.39	713.84

二、传票算（本级定级级标准：对八题为合格）

序	起止页码	行	答案	序	起止页码	行	答案
1	3—22	（三）		6	29—48	（四）	
2	15—34	（二）		7	37—56	（五）	
3	28—47	（五）		8	45—64	（三）	
4	37—56	（四）		9	9—28	（一）	
5	44—63	（一）		10	17—36	（二）	

三、票币计算（本级定级级标准：对四题为合格）

（一）		（二）		（三）		（四）		（五）	
面值	张数	面值	张数	面值	张数	面值	张数	面值	张数
壹佰元	41	壹佰元	64	壹佰元	16	壹佰元	5	壹佰元	24
伍拾元	38	伍拾元	57	伍拾元	63	伍拾元	74	伍拾元	49
贰拾元	7	贰拾元	6	贰拾元	75	贰拾元	87	贰拾元	76
壹拾元	59	壹拾元	42	壹拾元	27	壹拾元	76	壹拾元	35
伍元	87	伍元	85	伍元	9	伍元	52	伍元	81
贰元	2	贰元	71	贰元	52	贰元	38	贰元	2
壹元	75	壹元	28	壹元	81	壹元	14	壹元	16
伍角	13	伍角	13	伍角	74	伍角	29	伍角	73
贰角	64	贰角	79	贰角	7	贰角	70	贰角	47
壹角	59	壹角	5	壹角	63	壹角	62	壹角	84
伍分	38	伍分	67	伍分	92	伍分	16	伍分	58
贰分	81	贰分	58	贰分	24	贰分	51	贰分	49
壹分	34	壹分	92	壹分	78	壹分	38	壹分	34
合计：		合计：		合计：		合计：		合计：	

模拟考核 3　数字录入技能单元测验试题

对题	评分	复核

普通二级

班级	姓名

一、加减算（本级定级级标准：对八题为合格）

（一）	（二）	（三）	（四）	（五）
6,728	892,563	578,134	83,064	43,862
160,893	4,071	1,659,428	4,908,275	-3,418
503,924	80,513	9,082	-1,728	715,209
4,752	728,649	67,914	31,246	-95,672
69.137	24,375	3,807	-460,395	1,025
40.615	1,503	832,051	5,731	-170,542
2,504,789	907,861	24,165	-206,948	6,839
18,564	6,759,128	208,796	8,695,417	964,783
859,327	76,943	1,635	581,073	56,178
10,476	4,235	539,027	1,947	-867,095
732,091	386,541	61,204	-68,492	2,410,938
9,403,186	2,097	940,283	275,309	-14,706
2,593	1,840,639	3,957	60,235	3,945,012
768,459	572,806	7,416,809	5,106	560,139
3,102	19,324	54,732	-382,974	3,827

（六）	（七）	（八）	（九）	（十）
357.18	38.09	5,061.42	30.64	7,680.53
84.09	569.42	12,507.69	8,204.16	-85.04
962.37	7,401.26	78.34	-871.95	524.67
85.43	73.01	950.73	53.79	-1,350.89
627.91	3,065.14	392.86	6,715.43	54,102.96
4,508.13	9,340.71	25.61	-42.36	98.13
3,642.05	297.87	8,103.76	825.09	-9,380.76
65,217.89	8,536.07	3,621.45	708.91	10.34
540.21	583.49	74.29	28,196.74	-219.45
82.01	46.92	810.47	-6,270.35	8,725.69
2,679.83	18,249.56	2,386.04	52,347.08	47,652.81
40.15	718.36	6,739.85	43.19	-321.04
6,384.97	76,021.58	14.09	-7,809.61	7,860.93
1,725.06	5,602.93	705.98	325.78	934.26
86,037.94	87.15	59,120.84	-9,061.42	24.51

二、传票算（本级定级级标准：对八题为合格）

序	起止页码	行	答案	序	起止页码	行	答案
1	38—57	2		6	37—56	1	
2	79—98	5		7	41—60	3	
3	46—65	4		8	25—44	2	
4	54—73	3		9	39—58	4	
5	62—81	1		10	14—33	5	

三、票币计算（本级定级级标准：对四题为合格）

（一）		（二）		（三）		（四）		（五）	
面值	张数	面值	张数	面值	张数	面值	张数	面值	张数
壹佰元	93	壹佰元	54	壹佰元	68	壹佰元	58	壹佰元	94
伍拾元	72	伍拾元	56	伍拾元	34	伍拾元	26	伍拾元	38
贰拾元	25	贰拾元	97	贰拾元	98	贰拾元	49	贰拾元	62
壹拾元	84	壹拾元	53	壹拾元	67	壹拾元	61	壹拾元	72
伍元	65	伍元	69	伍元	23	伍元	62	伍元	45
贰元	76	贰元	78	贰元	76	贰元	57	贰元	68
壹元	34	壹元	98	壹元	53	壹元	45	壹元	89
伍角	24	伍角	34	伍角	87	伍角	41	伍角	47
贰角	39	贰角	67	贰角	92	贰角	43	贰角	20
壹角	53	壹角	48	壹角	47	壹角	34	壹角	71
伍分	81	伍分	31	伍分	78	伍分	76	伍分	50
贰分	17	贰分	27	贰分	57	贰分	17	贰分	18
壹分	56	壹分	22	壹分	68	壹分	14	壹分	43
合计：		合计：		合计：		合计：		合计：	

模拟考核 4　数字录入技能单元测验试题

普通一级

对题	评分	复核

班级	姓名

一、加减算（本级定级级标准：对八题为合格）

（一）	（二）	（三）	（四）	（五）
1,724,582	5,943	43,952	17,318	32,068,875
50,168,346	48,035	78,520	41,703	5,673,092
6,093	5,622,108	97,861	869,372	-285,914
469,365	353,019	621,906	81,792,616	-60,876
36,514,247	70,835,643	1,573,803	-7,294	2,713
2,731,098	109,562	2,094	68,029,152	50,965,482
808,149	4,587,086	84,357,901	7,448,492	2,149,327
5,277	7,950	7,725	-5,079	-714,691
10,957,348	2,948,447	941,808	6,807,854	50,148
4,902	25,192,086	8,901,372	-265,901	-5,093
3,083,751	4,927	74,241,563	34,653,870	63,970,354
609,126	61,629,716	563,946	901,353	7,093,567
16,897	273,968	3,096	8,012,265	340,218
52,078	30,741	64,386,105	-3,459	-97,841
25,934	81,317	2,851,271	35,084	6,218

（六）	（七）	（八）	（九）	（十）
18.26	30,971.83	497.61	8,364.57	114,870.45
481.49	524,689.05	42.18	20,649.65	84,320.81
8,120.43	2,078.32	371.07	-14.89	47.19
76,539.07	94.56	720,918.56	106,439.48	-150.72
463,079.36	23.78	6,945.81	-3,082.76	36,570.29
39.05	45,038.96	568,703.14	196.58	-283.07
841.50	7,502.39	246.31	376,924.36	9,651.23
1,964.17	60,259.14	41,952.06	-79.05	50.79
72,394.21	316.42	9,320.57	3,215.69	634,295.37
284,569.05	413,078.65	96,830.45	-703.82	-856.91
31.72	1,854.96	87.32	29,075.63	6,728.03
678.06	658,190.27	65.46	-270.51	849,346.10
4,195.82	701.73	2,387.02	19.74	-98.41
29,037.65	167.94	509,864.25	18,023.48	56,946.02
578,860.23	41.82	38,179.03	450,784.11	-7,526.38

二、传票算（本级定级级标准：对八题为合格）

序	起止页码	行	答案	序	起止页码	行	答案
1	18—37	5		6	57—76	1	
2	48—67	4		7	61—80	2	
3	53—72	3		8	23—42	3	
4	14—33	2		9	38—57	4	
5	37—56	1		10	25—44	5	

三、票币计算（本级定级级标准：对四题为合格）

（一）		（二）		（三）		（四）		（五）	
面值	张数	面值	张数	面值	张数	面值	张数	面值	张数
壹佰元	26	壹佰元	83	壹佰元	57	壹佰元	45	壹佰元	61
伍拾元	49	伍拾元	95	伍拾元	65	伍拾元	81	伍拾元	18
贰拾元	43	贰拾元	32	贰拾元	89	贰拾元	19	贰拾元	17
壹拾元	7	壹拾元	26	壹拾元	47	壹拾元	72	壹拾元	56
伍元	36	伍元	78	伍元	76	伍元	29	伍元	81
贰元	9	贰元	96	贰元	58	贰元	7	贰元	14
壹元	17	壹元	39	壹元	66	壹元	23	壹元	31
伍角	21	伍角	14	伍角	75	伍角	79	伍角	26
贰角	54	贰角	42	贰角	39	贰角	37	贰角	57
壹角	72	壹角	65	壹角	82	壹角	91	壹角	15
伍分	68	伍分	96	伍分	63	伍分	8	伍分	32
贰分	82	贰分	27	贰分	54	贰分	10	贰分	46
壹分	65	壹分	73	壹分	44	壹分	41	壹分	72
合计：		合计：		合计：		合计：		合计：	

财经基本技能期末考试模拟试题（一）

学　　号＿＿＿＿＿＿＿＿＿＿　　课程名称＿＿财经基本技能＿＿

座 位 号＿＿＿＿＿＿＿＿＿＿　　学　　期＿＿＿＿＿＿＿＿＿＿

姓　　名＿＿＿＿＿＿＿＿＿＿　　成　　绩＿＿＿＿＿＿＿＿＿＿

班　　级＿＿＿＿＿＿＿＿＿＿　　教师签名＿＿＿＿＿＿＿＿＿＿

适用班级：

一、将下列大写金额用小写写出。（每题 2 分，共 10 分）

1. 人民币贰仟万零壹仟元陆角伍分

2. 人民币捌佰元整

3. 人民币叁元玖角伍分

4. 人民币陆万元零伍分

5. 人民币叁拾柒元伍角整

二、将下列小写金额用大写写出。（每题 2 分，共 10 分）

1. ￥5,000.20

2. ￥8,000,034.00

3. ￥0.75

4. ￥17.50

5. ￥9,603,000.00

三、简答题（共 20 分）

1. 请以 2005 年版 100 元人民币为例，说出十种防伪特征。（10 分）

（1）_____　　（2）_____
（3）_____　　（4）_____
（5）_____　　（6）_____
（7）_____　　（8）_____
（9）_____　　（10）_____

2. 请说出三种以上 2015 年版 100 元人民币新增的防伪特征。（3 分）

3. 简述识别人民币真伪的具体方法。（7 分）

四、账表算（20 分）

序数	一	二	三	四	五	合计
一	524	4,709	824	8,203	487	
二	3,601	825	617	-796	9,301	
三	869	932	8,305	459	-425	
四	524	7,406	124	3,802	987	
五	1,703	815	697	-761	1,603	
六	568	291	4,038	819	-824	
七	724	4,067	129	4,203	967	
八	3,015	258	765	716	5,031	
九	1,309	385	3,504	-567	-1,503	
十	765	132	921	451	825	
十一	924	6,407	687	-2,083	976	
十二	8,103	895	8,043	967	-3,401	
十三	967	963	912	395	248	
十四	824	4,071	5,309	-4,802	976	
十五	987	613	657	541	-562	
合计						

五、传票算（数据采用爱丁数码传票 A 页；每题 2 分，共 20 分）

题号	起止码	行次	结果
1	12—21	（二）	
2	27—36	（一）	
3	43—52	（五）	
4	5—14	（二）	
5	81—90	（三）	
6	32—41	（四）	
7	50—59	（一）	
8	65—74	（五）	
9	35—44	（四）	
10	71—80	（二）	

六、票币计算（每题 2 分，共 10 分）

面值	张数	面值	张数	面值	张数	面值	张数	面值	张数
壹佰元	94	壹佰元	32	壹佰元	8	壹佰元	54	壹佰元	29
伍拾元	56	伍拾元	24	伍拾元	24	伍拾元	7	伍拾元	5
贰拾元	7	贰拾元	8	贰拾元	9	贰拾元	48	贰拾元	57
壹拾元	38	壹拾元	36	壹拾元	27	壹拾元	5	壹拾元	6
伍元	12	伍元	5	伍元	56	伍元	67	伍元	24
贰元	5	贰元	81	贰元	7	贰元	8	贰元	9
壹元	13	壹元	9	壹元	12	壹元	92	壹元	2
伍角	8	伍角	52	伍角	8	伍角	5	伍角	54
贰角	96	贰角	7	贰角	71	贰角	17	贰角	66
壹角	9	壹角	15	壹角	35	壹角	14	壹角	72
伍分	52	伍分	36	伍分	29	伍分	39	伍分	83
贰分	91	贰分	27	贰分	18	贰分	28	贰分	90
壹分	35	壹分	91	壹分	92	壹分	18	壹分	81
合计		合计		合计		合计		合计	

七、支票、发票的填写（共 10 分）

1. 武汉市东风汽车配件股份有限公司总务科张军于 2019 年 6 月 28 日在王家湾中百超市购买一批办公用品，价值 1,000 元整。结账时用转账支票付款，开户银行为光大银行王家湾分行，账号 20010248737001。请根据以上条件帮助正确填写支票。

转账支票正面

中国光大银行	Bank 中国光大银行 转账支票（ ） XVI00000000
转账支票存根 XVI00000000	出票日期(大写)　　年　　月　　日　　付款行名称：
	收款人：　　　　　　　　　　　　　　出票人账号：
附加信息	本支票付款限十天 人民币(大写)　　　　　　　　 亿千百十万千百十元角分
	用途
出票日期　年 月 日	上列款项请从我账户内支付
收款人：	
金　额：	出票人签章　　　　　复核　　　　记账
用　途：	
单位主管　　会计	

2. 上述所购买商品明细是：复印纸 20 包，单价 30 元；记号笔 100 支，单价 3 元；记事本 20，单价 5 元。请帮助超市收银员开具发票。

武汉市服务业发票

发票联

发票代码：24201067172
发票号码：01192502

付款单位（个人）　　　　　　　　　　开票日期　年　月　日

经营项目	单位	数量	单价	金额								
				十	万	千	百	十	元	角	分

金额大写（人民币合计）：　　拾　万　仟　佰　拾　元　角　分

收款单位（盖发票专用章有效）　　　开票人：

财经基本技能期末考试模拟试题（二）

学　　号_____　　　课程名称___财经基本技能___
座 位 号_____　　　学　　期_____
姓　　名_____　　　成　　绩_____
班　　级_____　　　教师签名_____
适用班级：

一、将下列大写金额用小写写出。（每题 2 分，共 10 分）

1. 人民币柒仟万零壹仟元陆角伍分

2. 人民币叁佰元整

3. 人民币伍元玖角壹分

4. 人民币捌万元零伍分

5. 人民币壹拾柒元伍角整

二、将下列小写金额用大写写出。（每题 2 分，共 10 分）

1. ￥7,000.20

2. ￥9,000,034.00

3. ￥0.25

4. ￥14.50

5. ￥3,608,000.00

三、简答题（共 20 分）

1. 请以 2015 年版 100 元人民币为例说出十种防伪特征？（10 分）

（1）_____　（2）_____
（3）_____　（4）_____
（5）_____　（6）_____
（7）_____　（8）_____
（9）_____　（10）_____

2. 简述 2015 年版 100 元人民币与 2005 年版 100 元人民币主要的异同点。（3 分）

3. 简述识别真假人民币的"防伪七招"。（7 分）

四、账表算（20 分）

序数	一	二	三	四	五	合计
一	139,065	5,863	70,491	35,628	807,142	
二	807,142	10,974	83,562	196,053	3,586	
三	5,638	428,356	265,039	904,217	40,719	
四	40,719	453,096	801,724	5,368	456,283	
五	462,835	902,471	8,635	-90,147	439,065	
六	8,965	158,649	483,650	37,102	307,124	
七	71,203	736,580	301,742	195,864	-9,658	
八	149,586	902,417	9,856	258,360	71,203	
九	265,830	5,869	23,701	904,271	186,495	
十	307,124	12,307	164,958	5,986	765,830	
十一	50,891	638,109	4,672	950,274	842,736	
十二	827,364	7,624	10,985	619,308	140,572	
十三	950,274	90,518	836,427	-7,642	581,903	
十四	581,903	873,642	320,475	80,159	2,674	
十五	4,267	140,572	593,801	864,273	50,891	
答数						

五、传票算（数据采用爱丁数码传票 A 页；每题 2 分，共 20 分）

题号	起止码	行次	结果
1	8—17	（一）	
2	17—26	（二）	
3	23—32	（三）	
4	5—14	（四）	
5	31—40	（五）	
6	38—47	（一）	
7	50—59	（二）	
8	65—74	（三）	
9	85—94	（四）	
10	91—100	（五）	

六、票币计算（每题 2 分，共 10 分）

面值	张数
壹佰元	94
伍拾元	56
贰拾元	7
壹拾元	38
伍元	12
贰元	5
壹元	13
伍角	8
贰角	96
壹角	9
伍分	52
贰分	91
壹分	35
合计	

面值	张数
壹佰元	32
伍拾元	24
贰拾元	8
壹拾元	36
伍元	5
贰元	81
壹元	9
伍角	52
贰角	7
壹角	15
伍分	36
贰分	27
壹分	91
合计	

面值	张数
壹佰元	8
伍拾元	24
贰拾元	9
壹拾元	27
伍元	56
贰元	7
壹元	12
伍角	8
贰角	71
壹角	35
伍分	29
贰分	18
壹分	92
合计	

面值	张数
壹佰元	54
伍拾元	7
贰拾元	48
壹拾元	5
伍元	67
贰元	8
壹元	92
伍角	5
贰角	17
壹角	14
伍分	39
贰分	28
壹分	18
合计	

面值	张数
壹佰元	29
伍拾元	5
贰拾元	57
壹拾元	6
伍元	24
贰元	9
壹元	2
伍角	54
贰角	66
壹角	72
伍分	83
贰分	90
壹分	81
合计	

七、支票、发票的填写（共 10 分）

1. 武汉市神州股份有限公司于 2019 年 10 月 20 日在王家湾家乐福超市购买一批办公用品，价值 20,000 元整。购货时用转账支票付款，开户银行为光大银行王家湾分行。请根据以上条件正确填写支票。

2. 明细资料：电脑一套，单价 10,000 元；音响一套，单价 10,000 元。请帮助超市收银员开具发票。

转账支票正面

中国光大银行	Bank 中国光大银行 转账支票（　） XVI00000000
转账支票存根	出票日期(大写)　　年　　月　　日　　付款行名称：
XVI00000000	收款人：　　　　　　　　　　　　　出票人账号：
附加信息	本支票付款限天　人民币（大写）　　　　　　亿千百十万千百十元角分
	用途
出票日期　年　月　日	上列款项请从
收款人：	我账户内支付
金　额：	出票人签章　　　复核　　　记账
用　途：	
单位主管　　会计	

武汉市服务业发票

发票代码：24201067173

发票号码：01192507

付款单位（个人）　　　　　　　　　开票日期　年　月　日

经营项目	单位	数量	单价	金　额								
				十	万	千	百	十	元	角	分

金额大写（人民币合计）：　　拾　万　仟　佰　拾　元　角　分

收款单位（盖发票专用章有效）　　　　开票人：